SMACSS

SMACSS : Scalable and Modular Architecture for CSS
By Jonathan Snook

Scalable and Modular Architecture for CSS
Copyright ⓒ 2011
Korean translation Copyright ⓒ 2016
The Korean edition was published by arrangement with Jonathan Snook through Agency-One, Seoul.

이 책의 한국어판 저작권은 에이전시 원을 통해 저작권자와의 독점 계약으로 인사이트에 있습니다.
신저작권법에 의해 한국 내에서 보호를 받는 저작물이므로 무단전재와 무단복제를 금합니다.

SMACSS : 복잡한 CSS를 관리하는 5가지 스타일 가이드

초판 1쇄 발행 2016년 1월 20일 **지은이** 조나단 스눅 **옮긴이** 박소은 **펴낸이** 한기성 **펴낸곳** 인사이트 **편집** 조은별 **제작·관리** 박미경 **용지** 에이페이퍼 **인쇄** 현문인쇄 **제본** 자현제책 **후가공** 이지앤비 **등록번호** 제10-2313호 **등록일자** 2002년 2월 19일 **주소** 서울시 마포구 잔다리로 119 석우빌딩 3층 **전화** 02-322-5143 **팩스** 02-3143-5579 **블로그** http://blog.insightbook.co.kr **이메일** insight@insightbook.co.kr **ISBN** 978-89-6626-169-7 책값은 뒤표지에 있습니다. 잘못 만들어진 책은 바꾸어 드립니다. 이 책의 정오표는 http://www.insightbook.co.kr/88742에서 확인하실 수 있습니다. 이 도서의 국립중앙도서관 출판예정도서목록(CIP)은 서지정보유통지원시스템 홈페이지(http://seoji.nl.go.kr)와 국가자료공동목록시스템(http://www.nl.go.kr/kolisnet)에서 이용하실 수 있습니다.(CIP제어번호: CIP2016000679).

SMACSS

복잡한 CSS를 관리하는 5가지 스타일 가이드

조나단 스눅 지음 | 박소은 옮김

차례

옮긴이의 글 viii
지은이의 글 ix
들어가는 글 x

1장 CSS 규칙 범주화하기   1
1.1 명명 규칙   3

2장 베이스 규칙   5
2.1 CSS 초기화   6

3장 레이아웃 규칙   7
3.1 ID 선택자 사용하기   9
3.2 레이아웃 예제   10

4장 모듈 규칙   15
4.1 타입 선택자 사용 피하기   16
4.2 새로운 컨텍스트   17
4.3 모듈의 서브클래싱   17

5장 상태 규칙 — 21

5.1 모듈과의 차이 — 22
5.2 !important 사용하기 — 23
5.3 상태 규칙을 모듈과 결합하기 — 23

6장 테마 규칙 — 25

6.1 테마 — 25
6.2 서체 정의하기 — 27
6.3 이름의 의미 — 27

7장 상태 변경하기 — 29

7.1 상태 변경이란 — 29
7.2 클래스 명에 의한 변경 — 30
    7.2.1 부모와 형제의 상태가 문제인 이유 — 33
    7.2.2 속성 선택자로 상태 변화 핸들링하기 — 34
    7.2.3 클래스 기반의 상태 변화로 CSS 애니메이션 다루기 — 36
7.3 가상 클래스에 의한 변경 — 38
7.4 미디어쿼리에 의한 변경 — 40
7.5 상태 변화에 관한 모든 것 — 42

8장 적용 가능성의 깊이 — 43

8.1 깊이 최소화하기 — 44

9장 선택자 성능 — 49

9.1 CSS는 어떻게 해석되는가 — 49
    9.1.1 요소의 스타일은 요소가 생성될 때 해석된다 — 49
    9.1.2 오른쪽에서 왼쪽으로 해석되는 CSS — 50
    9.1.3 어떤 규칙이 적용되는가? — 51
    9.1.4 제한은 하되, 과하게 제한하지 않기 — 51

10장 HTML5와 SMACSS — 53

11장 프로토타이핑 — 59

11.1 프로토타입의 목표 — 60
11.1.1 상태 — 60
11.1.2 지역화 — 60
11.1.3 의존성 — 60
11.2 퍼즐 조각 — 61
11.3 여러분의 프로토타입 — 62

12장 전처리기 — 63

12.1 전처리기란 무엇인가? — 63
12.2 전처리기 설치하기 — 64
12.3 전처리기의 유용한 기능들 — 66
12.3.1 변수 — 67
12.3.2 중첩 표현 — 68
12.3.3 믹스인 — 69
12.3.4 함수 — 69
12.3.5 익스텐션 — 70
12.3.6 더 나아가기 — 71
12.4 문제를 맞닥뜨리고 벗어나기 — 72
12.4.1 깊은 중첩 — 72
12.4.2 SMACSS에서의 중첩 — 73
12.4.3 불필요한 확장 — 74
12.4.4 SMACSS 익스텐션 — 76
12.4.5 과하게 사용된 믹스인 — 76
12.4.6 반복적인 패턴을 위한 SMACSS — 77
12.4.7 파라미터화 된 믹스인 — 78

12.5 전처리기 정복하기 … 78
    12.5.1 중첩을 이용한 상태 기반의 미디어쿼리 … 78
    12.5.2 파일 정리하기 … 80
12.6 전처리기에 대한 회고 … 82

13장 자주 쓰이지 않는 요소 … 83

13.1 테이블 … 83

14장 아이콘 모듈 … 87

15장 복잡한 계승 … 93

15.1 !important가 잘못 쓰인 경우 … 96
15.2 불완전한 세계 … 97

16장 코드 형식 지정하기 … 99

16.1 한 줄 vs 여러 줄 … 99
16.2 속성 묶기 … 101
16.3 색상 선언 … 102
16.4 일관성 유지하기 … 103

17장 리소스 … 105

17.1 SMACSS 리소스 … 105
17.2 CSS 전처리기 … 106
17.3 컴포넌트 기반의 프레임워크/방법론 … 106
17.4 다른 프레임워크들 … 106
17.5 문서 … 107
17.6 다른 리소스들 … 107

옮긴이의 글

CSS를 처음 공부할 때를 떠올려 보면, 답답한 순간이 많았던 걸로 기억합니다. 왜 이 버튼은 오른쪽 위에 가서 붙지 않고 가운데에 떡하니 버티고 있는지, 멀쩡한 프로그레스바 애니메이션은 왜 진행되다 마는지 도무지 원인이 눈에 들어오지 않았습니다. 'SMACSS'는 이럴 때 직접적으로 도움이 될 시원한 해결책을 담고 있는 책은 아닙니다. 독자가 기본적인 CSS 지식을 가지고 있다고 가정하고 이야기를 풀어 가는 책이기 때문입니다. 그러나 'SMACSS'는 그 원인을 찾는 과정이 조금 더 빠르고 쉬워질 수 있도록 코드를 발전시키는 방법을 제시하고 있습니다.

얇은 책이지만 번역하며 고민을 무척 많이 했습니다. 얇은 만큼 내용을 압축적으로 담고 있어, 문장 하나하나의 의미를 명확하게 전달하기 위해 재차 다듬었고, 의사소통을 할 때는 대부분 원어 그대로 사용하는 단어들을 어떻게 번역해야 독자들에게 이질감 없이 전달할 수 있을까 고민했습니다. 그 과정에서 더 완성도 높은 번역이 될 수 있도록 도움을 주신 정찬명 님과 전용우 님, 윤원진 님께 감사드립니다. 또, 책이 나오는 과정 전반에 걸쳐 도움을 주신 조은별 님, 정신적 지주가 되어 주신 롤모델 조영호 님, 짝꿍 정윤성 님께 감사합니다.

몸집을 불려가고 있는 CSS로 고통 받는 분들께 이 책이 도움이 되면 좋겠습니다.

2015.12
박소은

지은이의 글

안녕하세요, 조나단 스눅(Jonathan Snook)입니다. 저는 1994년부터 취미로, 1999년부터는 직업으로 웹 사이트를 만들고 있는 웹 개발자이자 디자이너입니다.

웹 개발에 관한 팁과 요령, 서평 등을 올리는 블로그(Snook.ca)를 운영 중이고, 컨퍼런스나 워크샵에서 발표를 하기도 합니다. 이렇게 세계를 돌아다니며 지식을 공유할 수 있는 것에 대해 감사하게 생각합니다.

지금까지 두 권의 책(『The Art and Science of CSS』(SitePoint), 『Accelerated DOM Scripting』(Apress))을 공동 저술했고, 잡지 「.net」과 A List Apart, SitePoint 같은 사이트에 글을 쓰기도 했습니다.

그리고 이렇게 글을 쓰고 수백 개의 크고 작은 웹 프로젝트를 하며 경험한 것들을 이 책에 담았습니다.

먼저 커뮤니티의 모두에게 진심으로 감사드리고 싶습니다. 여러분 각각이 제가 이 작업을 즐길 수 있도록 해주었습니다. 이 책을 써서 모두와 공유할 수 있도록 지지해 준 킷 호스든(Kitt Hodsden)에게 특별히 감사한 마음을 전합니다. 마지막으로, 끊임없이 더 좋은 사람이 되도록 힘이 되어 주는 나의 아들 헤이든(Hayden)과 루카스(Lucas)에게 고마움을 전합니다.

들어가는 글

나는 수많은 웹 사이트를 만들어왔다. 그래서 여러분은 내가 웹 사이트를 구축하는 '확실한 한 가지 방법'을 발견했을 거라고 생각할지도 모르겠다. 하지만 나는 '단 하나의 확실한 방법'은 없다고 생각한다. 내가 발견한 것은 CSS를 더 구조적으로 설계해서 더 쉽게 웹 사이트를 구축하고 유지보수할 수 있도록 코드를 만드는 테크닉이다.

나와 내 주변의 작업 프로세스를 분석하면서 큰 규모의 프로젝트에서 어떻게 하면 구조가 잘 짜인 코드를 작성할 수 있을까 고민했다. 작은 사이트를 작업할 때는 어떻게 작성해야 할지에 대한 개념을 잡기가 모호했지만, 복잡하고 큰 프로젝트를 하면서 점점 명확해졌다. 작은 사이트들은 큰 사이트를 작업할 때나 큰 팀에 속해서 작업할 때와는 달리, 공통적으로 발생하는 이슈가 거의 없었다. 작은 사이트는 자주 변하지도 않고 그리 복잡하지도 않기 때문이다. 하지만 내가 이 책에서 설명하는 접근법은 사이트가 크든 작든 간에 잘 적용될 것이다.

'SMACSS'(스맥스라고 읽는다)는 융통성 없는 프레임워크라기보다는 스타일 가이드에 가깝다. 다운 받거나 설치해야 할 라이브러리도 없다. SMACSS는 코드 구조의 설계 프로세스를 점검하고, 그 과정에서 여러분이 유연하게 사고할 수 있도록 돕는다. 또한 CSS를 일관된 방식으로 사용해서 웹 개발을 할 수 있게 만드는 접근법이다.

오늘날 CSS를 사용하지 않고 사이트를 만드는 사람들은 없다. 책 전체를 읽든, 필요한 부분만 취하든, 전혀 사용하지 않든 여러분의 자유다. 모두의 입맛에 맞을 수 없다는 것을 이해한다. 웹 개발에서 모든 질문에 대한 답은 '경우에 따라' 다르니 말이다.

책에서 다루는 내용

이 책은 CSS 아키텍처와 관련된 이야기를 몇 가지 주제로 분류해서 엮었다. 각 주제는 해당 장에서 자세하게 설명한다. 순서대로 읽어도 좋고, 순서를 섞어서 읽거나 가장 필요한 부분부터 골라서 읽어도 좋다. 방대한 양을 쓰기보다는 짧고 이해하기 쉽게 담았다.

   자, 이제 시작해 보자!

1장

Scalable and Modular Architecture for CSS

CSS 규칙 범주화하기

모든 프로젝트에서는 어떤 형태가 되었든 분류하고 정리하는 것이 중요하다. 새로운 스타일을 생성할 때마다 매번 파일의 맨 뒤에 코드를 붙여 버린다면, 필요한 것을 찾기도 어렵고 협업하는 이들에게도 혼란을 줄 것이다. 물론 여러분은 이미 그룹 단위로 코드를 묶어 두면서 작업할 것이라고 믿지만, 이 책에서 더 필요한 내용을 찾을 수 있길 바란다. 작업을 향상시킬 새로운 방법도 발견한다면 더할 나위 없이 좋겠다.

ID 선택자, 클래스 선택자 등 사용할 수 있는 몇 가지 선택자 중에서 무엇을 사용할지는 어떻게 결정할까? 원하는 스타일을 입힐 적절한 요소는 어떻게 선택할까? 웹 사이트의 스타일을 이해하기 쉽게 정리하려면 어떻게 해야 할까?

SMACSS의 핵심은 범주화(categorization)다. CSS 규칙을 범주화함으로써 규칙에서 패턴이 보이기 시작하고, 각 패턴을 더 적절하게 사용할 수 있게 된다.

CSS 규칙은 총 다섯 가지로 나뉜다.

1. 베이스(Base)
2. 레이아웃(Layout)
3. 모듈(Module)

4. 상태(State)

5. 테마(Theme)

개발을 하다 보면 스타일이 각각의 범주를 넘어 서로 섞이기도 하는데, 어떤 스타일을 만들고자 하는지 잘 인지하고 있다면 규칙이 섞이면서 생기는 복잡함을 해결할 수 있다.

간단하지만 명료한 다섯 가지 분류 체계 덕분에 우리는 어떻게 코딩하고, 왜 그렇게 코딩할 것인지에 대해 스스로에게 끊임없이 물으며 개발할 수 있다.

CSS 규칙을 분류한 주 목적은 패턴(반복되는 코드들)을 체계적으로 정리하는 것이다. 이렇게 하면 코드 양을 적게 줄일 수 있고, 유지보수가 용이해지며, 스타일을 일관성 있게 만들 수 있다. 물론 필요에 따라 규칙에 예외가 생길 수도 있지만, 예외는 정당한 이유가 있을 때에만 허용된다.

'베이스'는 기본 규칙이다. 이 규칙의 대부분은 요소 선택자에 대한 스타일을 정의하는 것이지만, 속성 선택자, 가상(pseudo) 클래스 선택자, 자식 선택자, 형제 선택자도 베이스 규칙에 포함된다. 기본적으로 베이스 규칙은 아래와 같다.

예제 1.1 베이스 규칙

```
html, body, form { margin: 0; padding: 0; }
input[type=text] { border: 1px solid #999; }
a { color: #039; }
a:hover { color: #03C; }
```

'레이아웃' 규칙은 페이지를 섹션으로 나누는 데 쓰인다. 그리고 레이아웃은 하나 이상의 '모듈'을 포함하여 지정한다.

'모듈'은 재사용이 가능하고, 조합이 가능한 여러 개의 파트로 이루어져 있다. 말풍선(callout)이나 사이드바 섹션, 제품 목록(product list)이 그 예다.

'상태' 규칙은 특정한 상태에서 '모듈'과 '레이아웃'이 어떤 식으로 표현되어야 하는지를 기술한 규칙이다. 요소를 숨겨야 하는지(hidden) 아니면 확장해야 하는지(expanded), 요소가 활성 상태인지 비활성 상태인지, '모듈'이나 '레이아웃'이 더 크게 보여야 하는지 작게 보여야 하는지 등을 기술한다. 더불어 서로 다른 화면에서 페이지가 어떻게 보여야 하는지도 '상태' 규칙이 담당한다.

마지막으로 '테마' 규칙은, '모듈'이나 '레이아웃'이 어떻게 보일 것인지를 기술한다는 점에서 '상태' 규칙과 비슷하다.

1.1 명명 규칙

명명 규칙은 특정 스타일이 어떤 범주에 속하는지, 전체 페이지에서 어떤 역할을 하는지 바로 파악하는 데 도움이 된다. 큰 프로젝트에서는 스타일이 여러 개의 파일로 나뉘어 있을 확률이 큰데, 이때 특정 스타일이 어떤 파일에 있는지 찾을 때도 유용하다.

필자는 레이아웃, 상태, 모듈 규칙 간 구분을 위해 접두사를 사용한다. `l-`은 레이아웃 규칙에 사용한다. `layout-`을 사용해도 상관없다. `grid-`는 다른 레이아웃 스타일과 그리드 스타일을 구분할 때 붙인다. 상태 규칙에는 `is-hidden`이나 `is-collapsed`처럼 `is-`를 붙인다. 이렇게 접두사를 붙이면 가독성이 높아진다.

모듈은 워낙 많기 때문에 `.module-`을 사용하면 다소 장황해 보일 수 있다. 따라서 모듈 자체의 이름만 사용하는 게 좋다.

예제 1.2 명명 규칙

```
/* 예제 모듈 */
.example { }
/* 말풍선 모듈 */
.callout { }
/* 상태 규칙을 적용한 말풍선 모듈 */
.callout.is-collapsed { }
/* 필드 모듈 */
```

```
.field { }
/* 인라인 레이아웃 */
.l-inline { }
```

하나의 모듈 내에서 서로 연관된 요소(element)들은 베이스 이름을 접두사로 사용한다. 만약 예제 코드에서 .exm을 사용했다면, 코드에 대한 설명에는 .exm-caption을 붙이는 식이다. 이렇게 함으로써 코드에 대한 설명 클래스를 바로 알아볼 수 있고, 그 설명이 예제와 연관되어 있다는 것도 알아차릴 수 있다. 그리고 어떤 파일에서 이 스타일을 찾아야 하는지도 쉽게 알 수 있다.

다른 모듈에서 파생된 모듈도 베이스 모듈 이름을 접두사로 사용한다. 서브 클래싱(subclassing)에 관해서는 4장 '모듈 규칙'에서 더 자세하게 다룬다.

이 명명 규칙은 책 전반에서 사용된다. 하지만 앞에서도 언급했듯이, 책에서 소개하는 가이드라인을 엄격하게 따를 필요는 없다. 일성한 규칙을 만들고, 기록하고, 그 규칙을 따르는 것이 핵심이다.

Scalable and Modular Architecture for CSS

2장

베이스 규칙

베이스 규칙은 요소 선택자, 자손 선택자, 자식 선택자 그리고 가상 클래스를 사용한 요소에 적용한다. 클래스 선택자나 ID 선택자에는 적용하지 않는다. 이 규칙은 해당 요소가 페이지 상에서 기본적으로 어떻게 보여야 하는지를 정의한다.

예제 2.1 베이스 규칙

```
body, form {
    margin: 0;
    padding: 0;
}

a {
    color: #039;
}

a:hover {
    color: #03F;
}
```

헤딩(heading) 크기, 기본 링크 스타일, 기본 서체 스타일, 바디(body) 배경을 정하는 것도 베이스 규칙에 포함된다. 따라서 베이스 규칙에서는 !important를 사용할 필요가 없다.[1]

---

[1] (옮긴이) !important가 쓰인 스타일 속성은 다른 속성보다 최우선으로 적용된다. 더 자세한 설명은 15장을 참조하자.

특히 바디(body)에는 배경색을 명시적으로 지정해놓을 것을 강력히 추천한다. 흰색이 아닌 색으로 자신만의 배경색을 지정한 웹 사이트 방문자가 있을 수 있는데[2], 배경이 당연히 흰색이라고 가정하고 개발을 한다면 디자인이 깨져 보이기 때문이다. 더 심한 경우에는 지정한 서체의 색상과 사용자의 설정이 충돌하여 사이트 이용 자체를 어렵게 만들 수도 있다.

2.1 CSS 초기화

CSS 초기화(reset)는 기본으로 설정되어 있는 바깥 여백(margin), 안쪽 여백(padding), 그리고 그 외의 여러 가지 특성들을 제거할 때 사용하는 베이스 규칙이다. 초기화의 목적은 서로 다른 특성을 가진 브라우저에서 일관성 있는 사이트를 만들 수 있는 기반을 마련하는 것이다.

많은 초기화 프레임워크는 지나치게 많은 내용이 담겨 있어서 오히려 문제를 발생시키는 경우도 있다. 예를 들어, 바깥 여백과 안 여백을 요소로부터 삭제하는 것은 오히려 나중에 코드를 다시 작성하는 수고를 해야 하고, 클라이언트에 전송해야 하는 코드 양도 증가시킨다.

스타일을 초기화하는 것은 사이트를 구축하는 데 분명히 도움이 된다. 다만, 사용하려는 프레임워크의 단점을 잘 파악하고, 적절히 사용할 수 있도록 계획을 세우는 것이 좋다.

여러 프로젝트에서 지속적으로 사용할 수 있는 자신만의 기본 스타일 세트를 만들어 두는 것도 하나의 방법이다.

---

[2] (옮긴이) 브라우저의 옵션을 통해 사용자가 CSS를 직접 지정해서 사용할 수 있다.

3장

Scalable and Modular Architecture for CSS

레이아웃 규칙

CSS는 그 자체로 레이아웃을 위한 것이라고 해도 과언이 아니다. 레이아웃은 주요(major) 컴포넌트에 대한 레이아웃과 부수적인(minor) 컴포넌트에 대한 레이아웃 두 종류로 나뉜다. 이를 나누는 기준은 포함 관계로 확인할 수 있다. 머리말(header)과 꼬리말(footer) 등이 주요 컴포넌트이고, 말풍선, 로그인 폼, 네비게이션 아이템과 같이 주요 컴포넌트에 내에 위치하는 것이 부수적인 컴포넌트다. 주요 컴포넌트는 레이아웃 규칙이라고 부르며, 부수적인 컴포넌트는 '모듈(Module)'이라고 부른다. 모듈은 다음 장에서 자세히 살펴볼 것이다.

레이아웃 규칙은 재사용성에 따라 또 다시 주요(major) 스타일과 부수적인(minor) 스타일로 나뉜다. 머리말과 꼬리말 같은 주요 레이아웃 스타일은 전통적으로 ID 선택자를 사용하여 스타일을 지정한다. 물론 페이지의 모든 컴포넌트에 대해서 공통적으로 등장하는 요소가 있다면 적절하게 클래스 선택자를 사용하는 것도 고려해야 한다.

예제 3.1 레이아웃 선언

```
#header, #article, #footer {
    width: 960px;
    margin: auto;
}
```

```
#article {
    border: solid #CCC;
    border-width: 1px 0 0;
}
```

사이트를 만들 때 960.gs[1]처럼 사이트 전반에 걸쳐 사용되는 레이아웃 프레임워크가 필요할 수도 있다.[2] 이러한 레이아웃 프레임워크는 ID 대신 클래스 명을 사용하여 특정 스타일이 한 페이지에서 여러 번 사용할 수 있도록 해준다.

보통 하나의 레이아웃 스타일에는 한 개의 선택자(ID 선택자나 클래스 선택자)만 있다. 하지만 사용자 설정에 따라 다른 레이아웃을 보여줘야 하는 경우처럼 하나의 레이아웃이 다른 요소와 대응되어야 할 때도 있다. 이럴 때는 다른 레이아웃 스타일과 결합해서 사용한다.

예제 3.2 다른 레이아웃 스타일에 영향을 미치는 상위 레벨 레이아웃

```
#article {
    float: left;
}

#sidebar {
    float: right;
}

.l-flipped #article {
    float: right;
}

.l-flipped #sidebar {
    float: left;
}
```

이 예제에서 .l-flipped 클래스는 body 요소 같은 상위 레벨 요소에 적

---

1 http://960.gs/
2 (옮긴이) 960gs는 960 그리드 시스템(960 Grid System)의 약자로, 웹 페이지 제작 시 많이 사용되는 레이아웃 프레임워크다. 이를 이용하여 960픽셀 너비를 기준으로 깔끔한 페이지 구조를 잡을 수 있다.

용된다. 즉, sidebar는 오른쪽에서 왼쪽으로, article은 왼쪽에서 오른쪽으로 위치가 바뀐다.

예제 3.3 유동적인 레이아웃을 고정된 레이아웃으로 바꾸기 위한 두 가지 레이아웃

```
#article {
    width: 80%;
    float: left;
}

#sidebar {
    width: 20%;
    float: right;
}

.l-fixed #article {
    width: 600px;
}

.l-fixed #sidebar {
    width: 200px;
}
```

위의 예제에서 .l-fixed 클래스는 디자인을 유동적인 레이아웃(퍼센트로 표현)에서 고정된 레이아웃(픽셀로 표현)으로 바꾸는 데 사용되었다.

이 예제에서 주목해야 할 또 다른 한 가지는 명명 규칙(naming convention)이다. ID 선택자를 사용한 요소(#article, #sidebar)는 이름을 정확하게 적은 반면, 클래스 선택자의 경우에는 l- 접두사를 사용했다(.l-fixed #article, .l-fixed #sidebar). 이렇게 하면 각 스타일의 목적을 명확하게 나타낼 수 있고, 모듈 규칙, 상태 규칙과도 구분하기 쉽다. 레이아웃 선택자는 ID 선택자 앞에 두려고 사용한 것이기 때문에, 별도의 규칙으로 지정할 필요가 없다. 원한다면 ID 선택자 앞에 네임스페이스를 붙이는 방법을 사용할 수도 있지만 꼭 그렇게 할 필요는 없다.

3.1 ID 선택자 사용하기

HTML에서 ID 속성(attribute)을 사용하는 것은 꽤 좋은 방법이다. 사

실, 자바스크립트를 위한 효율적인 훅(hook)[3]을 제공하는 경우에는 필수적이기까지 하다. 그러나 CSS 측면에서는 클래스 선택자를 쓸 때와 성능 차이가 거의 없고, 오히려 선택자 우선순위(specificity)[4]을 증가시켜서 스타일을 더 복잡하게 만들 수 있기 때문에 필수적이지 않다.

3.2 레이아웃 예제

이론은 이론일 뿐이고, 애플리케이션을 만들 때는 다를 수 있다. 실제 웹 사이트를 통해 어떤 부분이 레이아웃이고 어떤 부분이 모듈인지 확인해 보자.

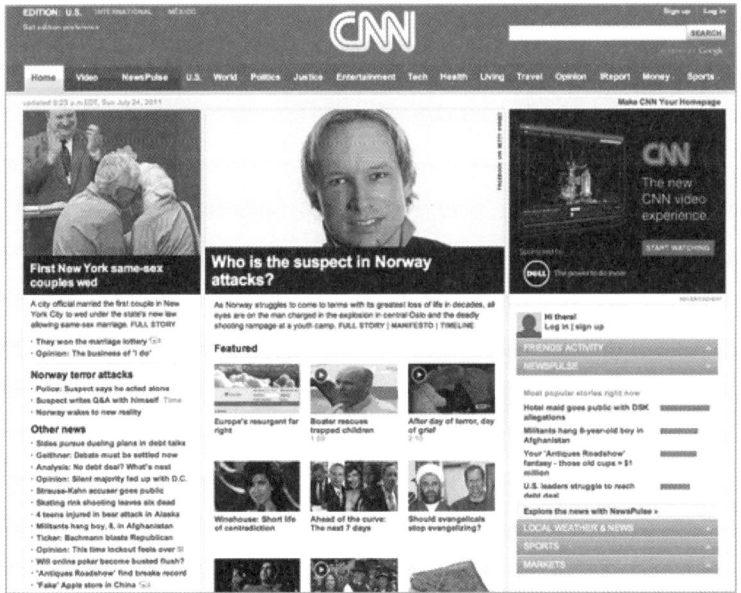

3 (옮긴이) 다른 언어나 서버 사이드에서 CSS의 특정 스타일에 접근하여 인터랙션하기 위한 포인트를 훅(hook)이라 한다.
4 (옮긴이) 선택자 우선순위(selector specificity)란 CSS 선택자의 우선순위 규칙이다. 예를 들면 ID 선택자는 선언 위치에 관계 없이 클래스 선택자보다 적용 우선순위가 높다. 참고 사이트: http://www.w3.org/TR/css3-selectors/#specificity

대부분의 웹 사이트에서 볼 수 있는 머리말, 내용 영역, 내비게이션 바, 꼬리말(그림에서는 보이지 않는다) 패턴을 CNN 웹 사이트에서도 볼 수 있다.

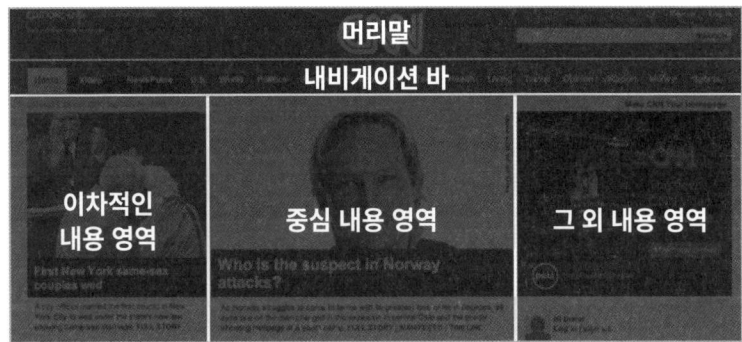

위 그림을 보고 HTML 코드가 어떻게 구성되어 있을지 상상해 보자. 아마 여러 개의 div로 구성되어 있고, HTML5를 사용했다면 header와 footer 요소도 있을 것이다. 그리고 각각의 컨테이너(container)에 ID도 부여했을 것이다.

코드 3.4 CNN 사이트의 예상 CSS 구조

```
#header { ... }
#primarynav { ... }
#maincontent { ... }

<div id="header"></div>
<div id="primarynav"></div>
<div id="maincontent"></div>
```

너무 간단해서 '고작 이런 걸 어떻게 하는지 보여 주는 거야?'라고 생각할지도 모르겠다. 이번에는 웹 사이트의 다른 부분을 한번 보자.

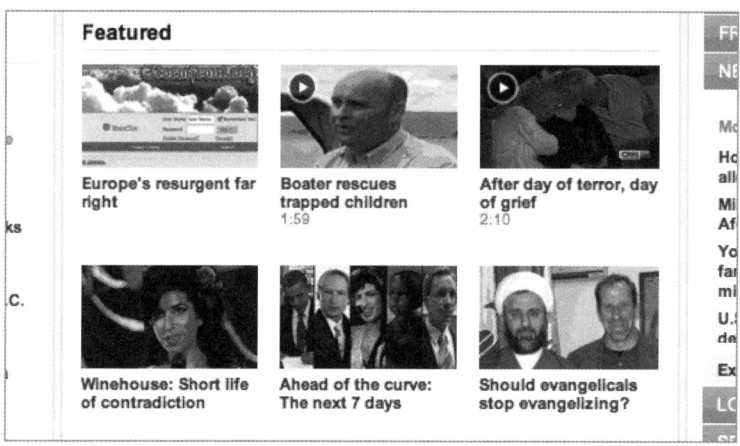

Features 섹션을 보면, 각 아이템이 그리드 방식으로 배치되어 있다. CNN의 마크업은 여러 개의 자식 div로 이루어진 하나의 컨테이너 div로 구성되어 있는데, 이를 구현하기 위해 아래의 예제처럼 순서 없는 목록(unordered list)을 이용하는 것도 좋은 방법이다.

예제 3.5 CNN 사이트 아이템 목록 레이아웃의 HTML 구조

```
<div>
    <h2>Featured</h2>
    <ul>
        <li><a href="...">...</a></li>
        <li><a href="...">...</a></li>
        ...
    </ul>
</div>
```

SMACSS 원칙을 고려하지 않는다면, 아이템을 감싸고 있는 div에 featured ID를 부여한 후 스타일을 만들었을 것이다(예제 3.6).

예제 3.6 SMACSS 원칙을 적용하지 않은 아이템 목록 스타일

```
div#features ul {
    margin: 0;
    padding: 0;
```

```
    list-style-type: none;
}
div#features li {
    float: left;
    height: 100px;
    margin-left: 10px;
}
```

그런데 이렇게 하기 위해서는 몇 가지 가정이 필요하다.

1. 페이지에 features 그리드는 단 하나뿐이다.
2. 목록 아이템(list items)은 float를 left로 지정한다.
3. 목록 아이템은 높이(height)를 100픽셀로 지정한다.

이런 구조는 복잡해질 가능성이 거의 없는 작은 사이트에 알맞다. 변화의 빈도가 잦은 큰 사이트에서는 컴포넌트를 리팩터링(refactoring)하고, 관련된 스타일을 재정의해야 하는 경우가 많아서 적합하지 않다.

그러면 어떻게 개선할 수 있을까? ID 선택자에는 태그 선택자를 함께 지정할 필요가 없고, 리스트가 div의 직계 자손이기 때문에 자식 선택자(>)를 사용하는 것이 가능하다.

이제 어떻게 재정의해야 더 유연한 코드가 되는지 살펴보자.

레이아웃에서는 각각의 아이템이 서로 어떻게 연관되어 있는지가 중요하다. 모듈의 디자인이나 레이아웃이 포함되어 있는 콘텍스트(context)는 중요하지 않다.

예제 3.7 OL 또는 UL에 적용된 그리드 모듈

```
.l-grid {
    margin: 0;
    padding: 0;
    list-style-type: none;
}
.l-grid > li {
    display: inline-block;
    margin: 0 0 10px 10px;
}
```

```
    /* IE7의 block 요소에서 inline을 흉내내는 방법 */
    *display: inline;
    *zoom: 1;
}
```

이렇게 개선함으로써 좋아진 점은 무엇일까?

1. 그리드 레이아웃이 어느 컨테이너에나 적용되어 플로트 스타일 (float-style) 레이아웃을 만들 수 있다.
2. 스타일이 적용되는 깊이(depth of applicability)를 1로 줄였다(더 자세한 내용은 8장 '적용성의 깊이' 참고).
3. 선택자의 우선순위가 낮아졌다.
4. 높이 조건이 제거되었기 때문에 행의 높이가 해당 행에서 가장 긴 아이템의 높이에 맞춰 조절될 것이다.

하지만 모든 문제에 대한 완벽한 해결법은 없다. 이번에는 반대로 안 좋아진 점에 대해서 이야기해 보자.

1. 자식 선택자를 사용함으로써 IE6가 지원 브라우저에서 제외되었다 (자식 선택자를 쓰지 않으면 생기지 않았을 문제다).
2. CSS 크기가 더 커졌고 더 복잡해졌다.

사이즈가 커진 것은 의심할 여지가 없지만, 그리 중요한 문제는 아니다. 이제 재사용할 수 있는 모듈이 생겼고, 코드 중복 없이 사이트 전반에 이를 적용할 수 있기 때문이다. 또한 오래된 브라우저를 대응할 방법이 추가되어야 하지만 선택자가 간결해졌기 때문에 선택자 우선순위의 영향을 최소화하면서 레이아웃을 더 확장할 수 있게 된 것은 오히려 큰 장점이다.

4장

Scalable and Modular Architecture for CSS

모듈 규칙

이전 장에서 언급했듯이, 모듈은 분리되어 있는 컴포넌트다. 내비게이션 바(navigation bar), 다이얼로그(dialog), 위젯(widget) 등이 모두 모듈이다. 이들은 페이지의 핵심으로, 레이아웃 컴포넌트에 포함되어 있기도 하고 다른 모듈에 포함되어 있기도 하다. 각각의 모듈은 독립된 컴포넌트로 존재하도록 디자인되어야 한다. 그렇게 해야 페이지가 더 유연해질 수 있기 때문이다. 제대로 구현되었다면, 모듈은 디자인을 깨뜨리지 않으면서 레이아웃의 다른 부분으로 쉽게 이동할 수 있다.

모듈에 대한 규칙을 정의할 때는 ID와 요소 선택자 사용을 피하고 클래스 선택자를 사용하는 것이 좋다. 모듈은 여러 개의 요소를 포함하고 있을 것이고, 그 요소의 스타일을 정의하기 위해 자손이나 자식 선택자를 이용할 것이기 때문이다.

예제 4.1 모듈 규칙

```
.module > h2 {
    padding: 5px;
}

.module span {
    padding: 5px;
}
```

4.1 타입 선택자 사용 피하기

만약 타입 선택자(Type Selector)를 꼭 써야 한다면, 자식 선택자나 자손 선택자와 함께 사용하자. `.module span`은 해당 모듈 내에서 span이 항상 같은 방식과 스타일로 사용될 것을 전제한다면 훌륭한 방법이다.

예제 4.2 타입 선택자로 스타일 적용하기

```
<div class="fld">
    <span>Folder Name</span>
</div>

/* 폴더 모듈 */
.fld > span {
    padding-left: 20px;
    background: url(icon.png);
}
```

문제는 프로젝트가 커지면서 더 복잡해지면 컴포넌트의 기능도 확장되어야 하는데, 모듈에서 타입 선택자를 사용하면 적용 범위가 한정된다는 것이다. 예제 4.3을 보자.

예제 4.3 타입 선택자로 스타일을 적용한 결과

```
<div class="fld">
    <span>Folder Name</span>
    <span>(32 items)</span>
</div>
```

폴더 모듈 내에 있는 모든 요소에서 아이콘 이미지가 보이게 하고 싶지 않은데, 의도와 다른 결과가 나왔다. 이를 해결하는 방법은 의미(semantics)가 있는 선택자만 포함해서 스타일을 적용하는 것이다. 의미가 있는 선택자란, 그 자체로 어떤 역할을 하는지 유추할 수 있는 선택자를 뜻한다. 예를 들면, `span` 태그와 `div` 태그는 아무 의미도 없지만

header 태그는 의미가 있고, 더 나아가 요소에 정의된 클래스에는 아주 구체적인 의미가 있다.

> **예제 4.4** 요소에 클래스를 추가해 스타일을 구체적으로 적용하기
>
> ```
> <div class="fld">
>     <span class="fld-name">Folder Name</span>
>     <span class="fld-items">(32 items)</span>
> </div>
> ```

이처럼 요소에 클래스를 추가함으로써 이 요소들이 무엇을 의미하는지 알 수 있게 되었고, 스타일을 구체적으로 적용할 수 있게 되었다.

타입 선택자를 사용하고 싶다면, 클래스 선택자의 한 단계(level) 이내에서 사용해야 한다. 다른 말로 표현하면, 자식 선택자를 사용하는 상황이어야 한다는 것이다. 혹은 해당하는 요소가 다른 요소와 헷갈리지 않을 것이라는 엄청난 확신이 있어야 한다. HTML 요소의 의미가 포괄적일수록(span과 div처럼), 문제를 발생시킬 여지가 많다. header처럼 의미를 내포할수록, 요소 선택자를 제대로 사용할 가능성이 높다.

4.2 새로운 컨텍스트

모듈 규칙을 사용하면 스타일 적용 범위를 파악하기도 쉽다. 예를 들면 새로운 위치 지정 컨텍스트(position context)[1]는 레이아웃 레벨이나 모듈의 최상위 레벨에서 필요로 할 확률이 높다.

4.3 모듈의 서브클래싱

서로 다른 섹션에 같은 모듈이 있을 때, 모듈을 서로 다르게 스타일을 적용하는 방법으로 쉽게 생각하는 것은 부모 요소를 추가하는 것이다.

---

1 (옮긴이) 자식 요소의 절대적(position: absolute) 배치 기준이 되는 부모 박스

예제 4.5 선택자에 부모 요소 추가하기

```css
.pod {
    width: 100%;
}
.pod input[type=text] {
    width: 50%;
}
#sidebar .pod input[type=text] {
    width: 100%;
}
```

하지만 이 방법은 더 많은 선택자를 사용하게 만들거나 !important를 사용하도록 만든다.

예제 4.5의 pod를 확장시켜서, 두 개의 서로 다른 너비(width) 값을 가진 input이 하나 있다고 상상해 보자. 웹 사이트 전반에 걸쳐 input 옆에 라벨이 붙기 때문에 실제로 input 영역은 지정한 너비의 반만 차지한다. 하지만 사이드바에서는 input 영역이 너무 작아지기 때문에 너비를 100%로 늘리고 라벨 위치는 input 영역 위로 변경했다. 이제 모든 게 괜찮아 보이니 페이지에 새로운 컴포넌트를 붙여 보자. 새로 붙일 컴포넌트는 .pod와 비슷하므로, 기존 클래스를 재사용한다. 그러나 이 pod는 사이트 어디에 있든 상관 없이 width의 크기가 제한되어 있다. 따라서 width를 180px로 고정한다.

예제 4.6 위치에 따라 구체적으로 정의하기

```css
.pod {
    width: 100%;
}
.pod input[type=text] {
    width: 50%;
}
#sidebar .pod input[type=text] {
    width: 100%;
}
```

```
.pod-callout {
    width: 200px;
}

#sidebar .pod-callout input[type=text],
.pod-callout input[type=text] {
    width: 180px;
}
```

#sidebar의 우선순위로 인해 선택자가 두 배로 늘었다. 그러므로 이렇게 하기보다는, 사이드바의 제한된 레이아웃이 pod의 하위 클래스임을 인지하고 그에 알맞게 스타일을 적용하는 것이 낫다.

예제 4.7 선택자의 우선순위 다루기

```
.pod {
    width: 100%;
}

.pod input[type=text] {
    width: 50%;
}

.pod-constrained input[type=text] {
    width: 100%;
}

.pod-callout {
    width: 200px;
}

.pod-callout input[type=text] {
    width: 180px;
}
```

이렇게 모듈을 서브클래싱함으로써, 베이스 모듈과 하위 모듈의 클래스 명이 HTML 요소에 적절히 들어맞게 되었다.

예제 4.8 HTML에서의 하위 모듈 클래스 명

```
<div class="pod pod-constrained">...</div>
<div class="pod pod-callout">...</div>
```

위치를 조건으로 스타일을 적용하는 것은 되도록 피해야 한다. 특히 재사용을 위해 모듈을 바꾸고 있다면, 모듈을 서브클래싱하라.

선택자의 우선순위를 위해 다음 예제처럼 클래스 명을 두 배로 늘릴 수도 있다(IE6를 신경 쓰지 않는다면 말이다).

예제 4.9 서브클래싱

```
.pod.pod-callout { }

<!-- In the HTML -->
<div class="pod pod-callout"> ... </div>
```

그런데 모듈은 로딩 순서에 대한 문제가 생길 수 있다. Yahoo! 메일을 개발하며 생겼던 에피소드를 예로 들어 보겠다. 그 당시 메일 서비스에는 기본 버튼 스타일과 하위 클래스를 적용한 버튼 스타일이 있었다. 그런데 주소록에 연락처(address book)를 추가하려고 클릭했더니 주소록 서비스(The address book, Yahoo! 내의 다른 서비스)의 컴포넌트를 로드해서 보여줬다. 주소록은 주소록 서비스만의 기본 버튼 스타일이 있었고, 이 스타일이 메일 서비스의 하위 클래스 버튼 스타일에 덮어 씌워졌다.

진행 중인 프로젝트에 이처럼 로드 순서에 대한 문제가 있다면, 선택자의 우선순위를 잘 살펴보아야 한다.

ID를 부여해서 레이아웃 컴포넌트를 구체화하는 것은 모듈에 특별한 스타일을 적용할 수 있게 해준다. 반면, 하위 클래스를 적용하는 것은 사이트의 다른 섹션에도 모듈을 쉽게 사용할 수 있게 해주며 불필요하게 우선순위를 높이지 않는다.

5장

Scalable and Modular Architecture for CSS

상태 규칙

아코디언(accordion)[1] 섹션은 접힌(collapsed) 상태로 있을 수도 있고, 확장된(expanded) 상태로 있을 수도 있다. 또 메시지는 성공(success)이나 에러(error) 상태를 전달할 수도 있다. 이와 같이 상태(state) 규칙은 요소의 상태를 전환시키기 위해 스타일에 무엇인가를 덧씌우는 것을 말한다.

상태 규칙은 일반적으로 레이아웃 규칙이 적용되는 요소나 베이스 모듈 클래스가 되는 요소에 같이 적용된다.

예제 5.1 하나의 요소에 적용된 상태

```
<div id="header" class="is-collapsed">
    <form>
        <div class="msg is-error">
            There is an error!
        </div>
        <label for="searchbox" class="is-hidden">Search</label>
        <input type="search" id="searchbox">
    </form>
</div>
```

---

1 (옮긴이) 바람통을 수축하거나 확장하여 소리를 내는 악기. 여기서는 접거나 펼칠 수 있는 상태의 섹션을 말한다.

머리말 요소는 ID를 가지고 있다. 그리고 이 요소에 쓰인 스타일은 전부 레이아웃을 구성하는 게 목적일 것이므로 `is-collapsed`는 접힌 상태를 의미한다고 생각할 수 있다. 이 상태 규칙이 없다면, 기본적으로 확장된 상태라는 것을 추측할 수 있다.

`msg` 모듈에는 에러 상태가 적용되었으며, 성공 상태가 적용될 수도 있다.

마지막으로 `label` 영역은 사용자에게 보이지 않게 하려고 숨김(`is-hidden`) 상태 규칙을 적용했다(물론, 코드상으로는 잘 '보인다'). 이 경우에는 레이아웃이나 모듈에 스타일을 덮어씌운 것이 아니라 베이스 요소에 스타일을 적용한 것이다.[2]

5.1 모듈과의 차이

하위 모듈(서브클래싱) 스타일과 상태 규칙을 적용한 스타일은 현재의 모양새를 변형시킨다는 점에서 아주 유사하다. 하지만 두 가지 중요한 차이점이 있다.

1. 상태 규칙은 레이아웃과 모듈 스타일에 적용될 수 있다.
2. 상태 규칙은 자바스크립트에 의존성을 가지고 있다.

특히 두 번째 차이점이 핵심이다. 하위 모듈 스타일은 렌더링 시점에서 요소에 적용되기 때문에 다시는 바뀌지 않는다. 하지만 상태 규칙은 페이지가 클라이언트에서 실행되는 동안에 요소의 상태가 바뀌었음을 알려 주기 위해 적용된다.

예를 들어 클릭하면 활성화되는 탭인 경우 클래스 명은 `is-active`나 `is-tab-active`가 적절하다. 그리고 닫는 버튼을 클릭해서 사라지는 다이얼로그라면 클래스 명으로 `is-hidden`이 적절할 것이다.

---

[2] (옮긴이) `.is-hidden` 클래스에 `display:none` 또는 `visibility:hidden`과 같은 방식을 사용하면 시각장애인용 화면낭독기가 읽을 수 없다. 따라서 `opacity:0; position:absolute`와 같은 방식을 추천한다.

5.2 !important 사용하기

상태 규칙은 독립적으로 작성되어야 한다. 실제로도 보통 하나의 클래스 선택자로 만들어진다.

또한 상태 규칙은 더 복잡한 규칙에 덮어씌워야 하는 경우가 많기 때문에 !important를 사용하는 것이 허용된다. 조금 더 과감하게 말하자면, 사용하는 것을 추천한다(!important는 절대 쓰면 안 되는 것처럼 말해 왔지만, 복잡한 시스템에서는 종종 필요한 게 사실이다). 일반적으로 같은 모듈에 두 개의 상태 규칙을 동시에 적용하거나, 같은 스타일에 두 개의 상태 규칙이 동시에 영향을 미치도록 하지는 않는다. 따라서 !important를 사용한다고 해서 우선순위에 문제가 생길 일은 거의 없을 것이다.

물론 조심할 필요는 있다. !important가 정말로 필요할 때까지는 웬만해서 쓰지 않는 게 좋다(이유는 다음 예제에서 설명하겠다). !important는 상태 규칙을 제외한 다른 모든 종류의 규칙에서는 쓰지 말아야 한다.

5.3 상태 규칙을 모듈과 결합하기

적용할 스타일이 특이한 모듈에서는 상태 규칙을 구체적으로 작성해야 한다.

특정 모듈에 적용하기 위해 만들어진 규칙은 상태 클래스 명에 모듈명을 포함하고 있어야 한다. 또한 전역 상태 규칙과 구분되어 모듈 규칙 내에 있어야 한다.

예제 5.2 특정 모듈에 적용하기 위한 상태 규칙

```css
.tab {
    background-color: purple;
    color: white;
}
```

```
.is-tab-active {
    background-color: white;
    color: black;
}
```

페이지 전반에서 적용되는 상태 규칙은 CSS를 로딩했을 때 기본적인 전역 스타일의 일부로 취급되어야 하므로, 페이지가 처음 로딩될 때 함께 로딩되어야 한다. 하지만 특정 모듈에 대한 상태 규칙은 해당 모듈이 로딩되기 전까지는 로딩될 필요가 없다.

6장

Scalable and Modular Architecture for CSS

테마 규칙

테마 규칙은 프로젝트에서 자주 쓰이지는 않기 때문에 사실 하나의 범주로 분류해야 하는지 고민했다. 하지만 이를 꼭 필요로 하는 프로젝트도 있으므로 독립적인 범주로 만들었다.

   테마 규칙은 애플리케이션이나 웹 사이트의 전반적인 표현과 느낌을 결정하는 색깔이나 이미지를 정의한다. 이렇게 테마 스타일 규칙만 따로 모아서 분리하면 테마를 쉽게 교체하고 재정의할 수 있다. 사용자에게 스킨 바꾸기 등의 외관 변형 기능을 제공하고자 한다면 테마 스타일을 프로젝트에 꼭 포함시켜야 한다.

   제공하려는 웹 사이트의 섹션마다 색깔을 다르게 한다든지, 사용자 설정에 따라 색을 꾸밀 수 있게 한다든지, 나라나 언어 등의 지역 설정에 따라 테마를 제공하는 것이 테마 스타일의 예다.

6.1 테마

테마는 어떤 종류의 스타일 규칙에도 영향을 미칠 수 있다. 기본 링크 색깔 등과 같이 베이스 스타일에 덮어씌울 수도 있고, 색깔이나 테두리 같은 모듈 요소를 바꿀 수도 있다. 레이아웃을 다르게 바꿀 수 있고, 상태에 따른 변화를 다르게 나타낼 수도 있다. 예를 들어, 파란색 테두리로 만들어야 하는 다이얼로그 모듈이 있다고 해보자. 이 경우 테두리 자체는 모듈에서 처음 정의하고, 색깔은 테마에서 정의한다.

예제 6.1 다이얼로그 모듈 테마 만들기

```
/* module-name.css */
.mod {
    border: 1px solid;
}

/* theme.css */
.mod {
    border-color: blue;
}
```

테마 클래스를 정의하는 것은 테마의 적용 범위에 따라 난이도가 달라진다. Yahoo! 메일에서는 페이지의 특정 부분에 대해서만 테마를 제공한 덕분에 전체적인 디자인의 균형을 깨뜨리지 않으면서도 사용자 지정 테마를 제공하는 것이 어렵지 않았다. 더 광범위하게 적용되는 테마의 경우에는 구체적인 테마 컴포넌트에 theme- 접두사를 사용해서 더 많은 요소에, 더 쉽게 테마 규칙을 적용할 수 있다.

예제 6.2 theme- 접두사를 사용한 테마 클래스

```
/* theme.css */
.theme-border {
    border-color: purple;
}

.theme-background {
    background: linear-gradient( ... );
}
```

Yahoo! 메일을 개발할 당시, 50개가 넘는 테마 파일들 간에 일관성을 유지하기 위해 Mustache 템플릿[1]을 사용했다. 이 템플릿은 색상 값의

---

1 (옮긴이) 프로그램 로직과 프리젠테이션 계층을 분리하기 위한 템플릿 엔진의 일종. 개발 유연성과 유지보수 효율을 높여준다. Mustache라는 이름의 유래는 이 템플릿 엔진이 사용하는 문법의 구분자({, } 중괄호 또는 브레이스라고 읽음)가 콧수염 모양으로 생겼기 때문이라고 한다.

개수나 배경 이미지를 지정하도록 도와주었고, 최종적인 CSS 파일도 만들어 주었다.

6.2 서체 정의하기

서비스의 국제 시장 진출 같은 이슈가 있으면, 테마에서 서체(typography)를 전체적으로 재정의해야 한다. 중국어나 한국어 같은 경우에는 기호가 복잡해서 서체 크기가 작으면 읽기가 어렵다. 이때 서체 스타일만 따로 떼어 내서 규칙을 정의하면 여러 개의 컴포넌트에서도 폰트를 쉽게 조정할 수 있다.

 서체 규칙은 일반적으로 베이스, 모듈, 상태 규칙에 영향을 미친다. 레이아웃 규칙의 경우에는 위치 선정과 배열에 관한 것이기 때문에 서체나 색깔과는 크게 관련이 없으므로 보통 서체 스타일이 적용되지 않는다.

 서체 클래스(font-large처럼)를 굳이 정의할 필요는 없지만, 해야 한다면 서체 크기의 개수는 세 개에서 여섯 개 정도가 적당하다. 그 이상을 프로젝트에 선언하는 일은 사용자가 알아채기도 힘들뿐더러 웹 사이트를 유지보수하는 일도 어려워진다.

6.3 이름의 의미

테마와 서체 클래스에 이름을 붙이는 것은 꽤 어려운 일이다. 이는 아마도 우리가 테마와 서체에 특별한 뜻이 담겨 있다고 생각하지 않는 산업에 종사하고 있기 때문일지도 모른다. 테마 컴포넌트의 경우에는 그 자체가 시각적이기 때문에 뜻이 없는 것이 맞다. 하지만 서체는 그렇지 않다. 디자인은 결국 시각적 체계에 관한 것이고, 서체는 이를 반영해야 하기 때문이다. 그러므로 여러분이 사용할 명명 규칙은 HTML의 머리말 태그처럼 중요한 정도(levels of importance)를 내포하고 있어야 한다.

7장

Scalable and Modular Architecture for CSS

상태 변경하기

여러분의 눈앞에 포토샵 파일이 열려 있고, 이를 HTML과 CSS로(약간의 Javascript 코드도 포함하여) 바꿔야 하는 업무를 맡았다고 생각해 보자.

보기에는 포토샵 파일의 구성 요소들을 간단하게 코드로 대응시키면 될 것 같다. 하지만 웹 사이트에서의 여러 컴포넌트들은 다양한 상태를 가지고 있기 때문에 그렇게 간단하지 않다. 기본 상태에서는 단순히 나타나기만 하면 되지만, 상태가 바뀔 때마다 다르게 보이게 하는 등의 작업이 필요하다.

7.1 상태 변경이란

상태는 아래 세 가지 방법으로 변경시킬 수 있다.

1. 클래스 명
2. 가상 클래스
3. 미디어쿼리

먼저, '클래스 명'을 사용해서 자바스크립트 코드로 상태를 변경시킬 수 있다. 마우스를 움직인다든지, 키보드에서 무엇인가를 누른다든지 등의 이벤트가 발생했을 때, 요소에 새로운 클래스가 생기고 시각적인 변화가 따라온다.

'가상 클래스'[1]는 여러 개를 사용할 수도 있고, 그 종류도 많다. 상태 변화를 변경하기 위해 굳이 자바스크립트를 사용하지 않아도 되고, 가상 클래스가 적용되는 요소의 자손, 형제 요소도 자바스크립트 없이 쉽게 변경시킬 수 있다. 하지만 그러한 관계에 속한 요소가 아니라면 자바스크립트를 사용해서 변경해야 한다.[2]

마지막으로 '미디어쿼리'는 뷰포트(viewport) 크기 등에 따라 스타일이 어떻게 적용될 것인지를 기술한다.

모듈 기반의 시스템에서는 각각의 모듈이 적용될 상태를 고려하여 디자인하는 것이 중요하다. 개발하면서 스스로에게 기본 상태가 무엇인지 자주 되물으며 진행한다면, 점차 발전하는 코드와 자신을 발견할 수 있을 것이다.

7.2 클래스 명에 의한 변경

일반적으로 클래스 명에 의한 변경 방법은 단순하다. 다른 상태로 변경시킬 요소에 적용하기만 하면 되기 때문이다. 예를 들어 사용자가 어떤 요소를 숨기거나 보이기 위해 하나의 아이콘을 클릭했다고 하자.

예제 7.1 클래스 명으로 상태를 변경시키는 예제

```
// jQuery 코드
$('.btn-close').click(function(){
    $(this).parents('.dialog').addClass('is-hidden');
})
```

1 (옮긴이) 특정 요소에 클래스를 적용한 것과 같이 스타일 변경을 구현할 수 있는 선택자를 가상 클래스 선택자라고 한다. 예를 들면 :visited, :hover, :focus 등이 흔히 사용하는 가상 클래스 선택자이다.
2 (옮긴이) CSS는 자식 또는 인접 형제를 선택할 수 있는 선택자가 있지만 부모 노드를 선택할 수 있는 선택자는 존재하지 않는다. 따라서 특정 요소의 상태를 부모 또는 조상 노드에 전달하려면 자바스크립트를 사용해야 한다.

이 예제에서는 btn-close 클래스 명을 가진 모든 요소에 클릭 이벤트 핸들러를 붙였다. 사용자가 버튼을 클릭하면 dialog 클래스가 붙은 조상 요소를 찾아 is-hidden 상태 클래스를 추가한다.

상태 변화가 더 큰 영향을 미칠 때도 있다.

일반적인 웹 사이트에서는 버튼을 누르고 있는 동안 메뉴를 보여 준다. 이렇게 버튼에 의해 메뉴를 눌린 상태로 바꾸는 동시에, 메뉴 버튼과 맵핑되어 있는 메뉴를 열린(보이는) 상태로 바꾸려면 어떻게 해야 할까? 답은 HTML 구조에 달려 있다. 예를 들어 Yahoo!에서는 메뉴를 요청 시점에 로딩하여 DOM의 최상단에 삽입했다. 그리고 클래스 명은 두 가지 상태를 모두 반영할 수 있도록 지었다(명명 규칙의 활용).

예제 7.2 서로 다른 위치에 있는 버튼과 메뉴 마크업

```html
<div id="content">
<div class="toolbar">
    <button id="btn-new" class="btn" data-action="menu">
        New
    </button>
</div>
</div>
<div id="menu-new" class="menu">
    <ul>...</ul>
</div>
```

버튼의 data-action 속성은 자바스크립트 클릭 이벤트에 반응하고, 버튼 ID를 가져와서 그 ID에 맞는 메뉴를 찾는다. 아래의 코드를 보자.

예제 7.3 jQuery를 사용해 메뉴 로딩하기

```javascript
// 클릭 핸들러를 버튼에 바인딩하기
$('#btn-new').click(function(){
    // 클릭된 버튼을 jQuery로 감싸기
    var el = $(this);

    // 버튼의 상태 바꾸기
    el.addClass('is-pressed');

    // btn-을 삭제하고, menu 찾기
    // 메뉴 선택자에 추가하기
```

```
    $('#menu-' +
    el.id.substr(4)).removeClass('is-hidden');
});
```

위 예제처럼, 자바스크립트를 이용해서 하나의 액션으로 발생한 두 가지 상태 변화를 서로 다른 위치에 있는 두 개의 요소, 버튼과 메뉴에 적용할 수 있다.

그렇다면 만약 버튼이 메뉴의 바로 옆에 있다면 어떻게 될까?

예제 7.4 같은 위치에 있는 버튼과 메뉴 마크업

```
<div id="content">
<div class="toolbar">
    <button id="btn-new" class="btn"
            data-action="menu">New</button>
    <div id="menu-new" class="menu">
        <ul> ... </ul>
    </div>
</div>
</div>
```

앞의 자바스크립트 코드를 적용한다면 이번에는 아무런 변화가 없을 것이다. 우리가 기대한 대로 코드가 작동하도록 문서를 수정해 보자. 부모 요소에 클래스를 추가하고, 부모 요소를 통해 버튼과 메뉴에 스타일을 적용하면 된다.

예제 7.5 부모 요소에 클래스를 추가하고 자식 요소에 스타일 적용하기

```
<div id="content">
<div class="toolbar is-active">
    <button id="btn-new" class="btn" data-action="menu">
        New
    </button>
    <div id="menu-new" class="menu">
        <ul> ... </ul>
    </div>
</div>

/* 스타일 적용을 위한 CSS */
```

```
.is-active .btn { color: #000; }
.is-active .menu { display: block; }
```

그런데 이 방법의 문제는 CSS 코드가 HTML 구조에 의존한다는 것이다. 이렇게 하면 요소들을 감쌀 컨테이너가 하나 필요하고, 메뉴와 버튼이 그 컨테이너 요소 내부에 함께 존재해야 한다. 툴바에 더 이상 새로운 버튼이 추가되지 않길 바라야 하는 구조다.

다른 방법은 버튼에 active 클래스를 추가하고, 메뉴를 활성화시키기 위해 인접 형제 선택자(Adjacent sibling combinator)를 이용하는 것이다.

예제 7.6 인접 형제 선택자로 메뉴 활성화하기

```
<div id="content">
<div class="toolbar">
    <button id="btn-new" class="btn is-active"
            data-action="menu">New</button>
    <div id="menu-new" class="menu">
        <ul> ... </ul>
    </div>
</div>
</div>

/* 스타일을 적용하기 위한 CSS */

.btn.is-active { color: #000; }
.btn.is-active + .menu { display: block; }
```

개인적으로는 이 방법을 더 선호한다. 상태 규칙이 실제로 적용될 모듈에 정확하게 결합되기 때문이다. 메뉴 마크업과 버튼 마크업이 의존성을 가지는 문제(메뉴가 버튼 바로 뒤에 꼭 있어야 한다)는 여전히 존재하지만, 프로젝트 내에서 이 일관성을 지킬 수만 있다면 이 방법은 꽤 괜찮은 해결책이다.

7.2.1 부모와 형제의 상태가 문제인 이유

형제 선택자로 메뉴 활성화를 하는 방법이 각각의 모듈에 상태를 적용하

는 방법보다 문제의 여지가 많은 이유는, 이 CSS 규칙 세트가 어디에 있어야 할지 명확하지 않기 때문이다.[3] 이제 메뉴는 더 이상 단순한 메뉴가 아니라 버튼 메뉴가 되었다. 이 모듈의 활성화 상태를 수정하려고 하면 버튼 CSS 쪽을 봐야 할지 메뉴 CSS 쪽을 봐야 할지 헷갈리게 되었다.

따라서 각각의 버튼에 상태를 적용하는 것이 더 나은 방법이다. 지금 여러분은 모듈을 더 잘 분리하고, 테스트하고, 개발하고, 확장하기 용이한 사이트를 만드는 중이다.

7.2.2 속성 선택자로 상태 변화 핸들링하기

브라우저에 따라서는 상태 변화를 핸들링하는 데 속성 선택자를 유용하게 사용할 수 있다. 특히 다음과 같은 경우에 유용하다.

- 레이아웃과 모듈 클래스를 상태로부터 분리한다.
- 여러 개의 상태 간 변화를 쉽게 만든다.

기본(default), 눌림(pressed), 비활성(disabled) 세 가지 상태가 가능한 버튼이 있다고 하자.

먼저 하위 모듈 명명 규칙을 사용한다면 다음과 같을 것이다.

예제 7.7 버튼에 하위 모듈 명명 규칙 사용하기

```
.btn { color: #333; }
.btn-pressed { color: #000; }
.btn-disabled { opacity: .5; pointer-events[4]: none; }
```

---

3 (옮긴이) 형제 선택자로 메뉴를 활성화하려는 경우에는 active 상태를 정의하는 CSS 규칙 세트가 btn 모듈에 있어야 하는지 또는 menu 모듈에 있어야 하는지 헷갈리게 된다.

4 (옮긴이) pointer-events:none이라는 속성과 값은 마우스 오버 또는 클릭과 같은 마우스 포인터의 기본 동작을 제한한다. 그러나 엔터 또는 스페이스 입력과 같은 키보드 이벤트까지 제한할 수는 없기 때문에 .is-disabled 클래스가 포함된 요소는 자바스크립트를 이용하여 마우스와 키보드 이벤트를 모두 제한하는 것을 더 권장한다. 이런 유형의 CSS 코드는 프로그램 오류를 유발(.is-disabled 링크를 엔터 키로 조작)할 수도 있으므로 이 속성을 사용하는 것이 때로 안전하지 않을 수 있다.

그리고 토글 버튼이라면, 상태 명명 규칙을 사용하는 것이 더 적절하다.

예제 7.8 버튼에 상태 명명 규칙 사용하기

```
.btn { color: #333; }
.is-pressed { color: #000; }
.is-disabled { opacity: .5; pointer-events: none; }
```

필자는 SMACSS가 명확하다는 특징과 명명 규칙에 대한 가이드라는 점을 보여줄 수 있기 때문에 이 예제들을 좋아한다. 둘 중 어느 방법이든 프로젝트에서 많이 쓰이면 기쁘겠다. 이제 '속성 선택자'를 이용한 방법을 한번 살펴보자.

예제 7.9 버튼에 속성 선택자 규칙 사용하기

```
.btn[data-state=default] { color: #333; }
.btn[data-state=pressed] { color: #000; }
.btn[data-state=disabled] { opacity: .5; pointer-events: none; }

<!-- HTML -->
<button class="btn" data-state="disabled">Disabled</button>
```

속성의 data- 접두사는 HTML5의 명세다. 접두사를 붙임으로써 속성 명도 알 수 있고, 데이터 네임스페이스 내에 위치시켜 앞으로 나올 HTML 속성 명세와 충돌하지 않도록 한다. 버튼의 상태를 바꾸기 위해 클래스를 지울 필요도 없고 추가할 필요도 없다. 속성 단 하나의 값만 바꿔 주면 된다.

예제 7.10 jQuery로 상태 변화시키기

```
// 각 버튼에 클릭 핸들러 바인딩하기
$(".btn").bind("click", function(){
    // 눌림 상태로 바꾸기
    $(this).attr('data-state', 'pressed');
});
```

jQuery 같은 자바스크립트 라이브러리를 사용하면 상태를 변경하기 위해 클래스를 조작하는 것이 그리 어렵지 않다. hasClass, addClass, toggleClass 같이 클래스 명을 조작하는 함수들이 아주 간단하기 때문이다.

여기서는 상태를 나타낼 수 있는 방법이 아주 많다는 것만 기억해 두자.

7.2.3 클래스 기반의 상태 변화로 CSS 애니메이션 다루기

CSS 애니메이션은 아주 흥미로운 영역이다. 화면의 움직임을 정의하면 안 되는 레이어에서 애니메이션을 정의하고 있다고 비판 받기도 하는데, CSS는 스타일을 위한 것이고 자바스크립트가 동적인 요소를 위한 것이니 틀린 말은 아니다.

CSS의 목적은 시각적 상태를 정의하는 것이다. 자바스크립트는 요소의 상태를 바꾸는 데는 이용할 수 있지만, 상태를 정의하는 데 사용해서는 안 된다. 즉, 인라인 스타일을 추가하기 위해 자바스크립트를 사용하면 안 된다.

예전에는 애니메이션을 만들 때 자바스크립트를 사용했었다. 유일한 방법이 그 방법뿐(HTML+TIME이[5] 있긴 했지만)이었기 때문이다.

설명한 내용을 종합해보면, 다양한 상황에 어떻게 접근해서 만들어야 할지 도움이 된다. 예를 들어 위의 설명에 의하면 페이지에 어떤 메시지가 짧은 시간 동안 노출되었다가 사라지는 게 이상한 일은 아니다.

예제 7.11 상태 변화를 핸들링하는 자바스크립트

```
function showMessage (s) {
    var el = document.getElementById('message');
    el.innerHTML = s;

    /* 상태 설정 */
    el.className = 'is-visible';
    setTimeout(function(){
```

---

[5] http://www.w3.org/TR/NOTE-HTMLplusTIME

```
        /* 상태 되돌리기 */
        el.className = 'is-hidden';
    }, 3000);
}
```

메시지 상태가 hidden에서 visible로 바뀌었다가 다시 hidden으로 돌아왔다. 이렇게 자바스크립트가 상태를 핸들링한 후에 CSS가 트랜지션(transition)이나 애니메이션(animation)을 이용해서 실제 움직임을 넣는다.

예제 7.12 트랜지션을 핸들링하는 CSS

```css
@keyframes fade {
    0% { opacity:0; display:block; }
    100% { opacity:1; display:block; }
}
.is-visible {
    display: block;
    animation: fade 2s;
}

.is-hidden {
    display: none;
    animation: fade 2s reverse;
}
```

사실 위의 예제는 동작하지 않는다. 브라우저가 애니메이션 특성이 없는(non-animatable) 프로퍼티를 움직이도록 지원하지 않기 때문이다.[6] 하지만 브라우저들이 점점 최신 CSS3의 애니메이션을 적용할 수 있도록 업데이트되고 있기 때문에 조만간 동작할 수 있을 것이다. 하지만 당장은 동작하지 않으므로 코드를 다음과 같이 바꿔 보자.

---

[6] (옮긴이) display는 애니메이션을 지원하지 않는 속성이다. 이 속성 때문에 다른 속성의 애니메이션까지 실행되지 않는다. CSS3 명세에는 모든 CSS 속성에 대해 Animatable이라는 항목으로 설명하고 있다. Animatable에 대한 값은 yes 또는 no이고 display 속성의 Animatable 값은 no이다.

예제 7.13 현재 브라우저에서 동작하는 애니메이션 만들기

```
@-webkit-keyframes fade {
    0% { opacity:0; }
    100% { opacity:1; display: block; }
}

.is-visible {
    opacity: 1;
    animation: fade 2s;
}

.is-hidden {
    opacity: 0;
    animation: fade 2s reverse;
}

.is-removed {
    display: none;
}

/* javascript */
function showMessage (s) {
    var el = document.getElementById('message');
    el.innerHTML = s;

    /* 상태 설정 */
    el.className = 'is-visible';
    setTimeout(function(){
        /* 상태 되돌리기 */
        el.className = 'is-hidden';
        setTimeout(function(){
            el.className = 'is-removed';
        }, 2000);
    }, 3000); }
```

위 예제에서는 애니메이션이 여전히 동작하면서도 애니메이션이 끝난 시점에 display 속성을 변경하는 자바스크립트 코드를 사용했다.

이 방법이라면 스타일(즉, 상태)과 행동을 분리한 채로 유지할 수 있다.

7.3 가상 클래스에 의한 변경

앞서 설명한 것처럼, 클래스와 속성만으로도 모듈의 상태를 변경시킬 수 있다. 하지만 CSS가 제공하는 풍부한 가상 클래스들(pseudoclasses)도 상태를 변경시킬 수 있는 좋은 방법이다.

CSS2.1에서부터 가장 유용하게 쓰인 가상 클래스는 :hober, :focus, :active 세 가지로, 사용자 인터랙션에 반응하는 '동적인' 클래스들이다. CSS3로 오면서 :nth-child, :last-child 같이 HTML 구조에 기반한 몇 가지 가상 클래스들이 추가되었다.

일반적으로 모듈의 기본 상태는 가상 클래스 없이 정의된다. 즉, 가상 클래스는 모듈의 두 번째 상태를 나타낼 때 쓰인다는 뜻이다.

예제 7.14 가상 클래스로 상태 정의하기

```css
.btn {
    background-color: #333; /* 회색 */
}
.btn:hover {
    background-color: #336; /* 파란색 */
}
.btn:focus {
    /* 파란색 그림자 */
    box-shadow: 0 0 3px rgba(48,48,96,.3);
}
```

모듈이 서브클래싱되면, 하위 모듈의 상태도 가상 클래스로 정의해야 하기 때문에 복잡해질 가능성이 있다.

예제 7.15 가상 클래스로 하위 모듈 상태 정의하기

```css
.btn {
    background-color: #333; /* 회색 */
}
.btn:hover {
    background-color: #336; /* 파란색 */
}
.btn:focus {
    /* 파란색 그림자 */
    box-shadow: 0 0 3px rgba(48,48,96,.3);
}
```

```
/* 기본 버튼 상태는 버튼의 선택자로
-default를 선택한다. */
.btn-default {
    background-color: #DEDB12; /* 노란색 */
}

.btn-default:hover {
    background-color: #B8B50B; /* 어두운 노란색 */
}
/* 다른 focus 상태를 정의할 필요가 없음 */
```

위의 예제에서는 기본 모듈, 하위 모듈, 그리고 발생할 수 있는 가상 클래스 상태까지 총 다섯 가지의 변화를 하나의 모듈에 대해서 지정했다. 만약 여기에서 클래스로 상태를 나타내는 것까지 추가된다면 더 복잡해질 수도 있다.

예제 7.16 모듈, 하위 모듈, 클래스 상태 그리고 가상 클래스 상태

```
.btn { ... }
.btn:hover { ... }
.btn:focus { ... }

.btn-default { ... }
.btn-default:hover { ... }

.btn.is-pressed { ... }
.btn.is-pressed:hover { ... }

.btn-default.is-pressed { ... }
.btn-default.is-pressed:hover { ... }
```

다행히도 위 코드처럼 나열할 일은 많지 않다. 하지만 규칙을 어느 정도의 그룹으로 묶는 것은 유지 보수를 쉽게 만들어 준다.

7.4 미디어쿼리에 의한 변경

클래스와 가상 클래스를 이용해서 상태를 관리하는 것이 일반적이지만, 미디어쿼리(media query)도 상태를 관리하는 방법으로 빠르게 자리 잡

고 있다. 미디어쿼리는 적응형 디자인과 반응형 웹 디자인[7]을 다양한 기준에 맞추어 대응할 수 있도록 만들어 준다. 페이지에서 요소들이 어떻게 보여야 하는가를 정의하는 스타일시트 출력(print stylesheets) 명령이 대표적인 미디어쿼리다.

링크 요소의 미디어 속성을 이용하면 미디어쿼리는 분리된 스타일시트로 정의될 수도 있고, 특정 스타일시트 내에서 @media 블록으로 정의될 수도 있다.

예제 7.16 스타일시트 연결하기

```
<link href="main.css" rel="stylesheet">
<link href="print.css" rel="stylesheet" media="print">

/* main.css 내에서 */
@media screen and (max-width: 400px) {
    #content { float: none; }
}
```

미디어쿼리 예제의 대부분이 브레이크 포인트(break point)를 정의하고 있으며, 해당 브레이크 포인트와 관련된 스타일을 모두 그 안에 넣는다.

SMACSS의 목표는 관련 있는 모듈끼리 모으는 것이므로, 브레이크 포인트를 하나만 만들기보다는 모듈의 상태를 나타내는 규칙과 미디어쿼리를 같이 두는 것이 좋다.

예제 7.17 모듈화된 미디어쿼리

```
/* nav 아이템의 기본 상태 */
.nav > li {
    float: left;
}

/* 작은 스크린일 때 nav 아이템의 상태 */
@media screen and (max-width: 400px) {
```

---

7 http://www.alistapart.com/articles/reponsive-web-design

```
    .nav > li { float: none; }
}
... (레이아웃의 나머지 부분 생략) ...

/* 기본 레이아웃 */
    .content {
        float: left;
        width: 75%;
    }

    .sidebar {
        float: right;
        width: 25%;
    }

/* 작은 스크린일 때 레이아웃의 상태 */
@media screen and (max-width: 400px) {
    .content, .sidebar {
        float: none;
        width: auto;
    }
}
```

위의 예제에서 볼 수 있듯이 미디어쿼리는 여러 군데에서 선언될 수 있고 하나의 모듈에 관한 정보는 한군데에 모여 있도록 만들 수 있다. 모듈에 관련된 정보를 한군데에 모아 두면, 모듈 단위 테스트도 가능하고 모듈화 템플릿을 만들기도 용이하다. 또한 첫 번째 페이지가 로딩된 이후에 CSS가 로딩되도록 만드는 것도 용이하다.

7.5 상태 변화에 관한 모든 것

이번 장에서는 클래스, 가상 클래스, 미디어쿼리 세 종류의 상태 변화에 대해 이야기했다. 모듈의 다양한 상태를 고려하는 것은 모듈화 그 자체만큼이나 스타일을 적절하게 분리하고, 유지 보수가 용이한 사이트를 만드는 데 도움이 된다.

8장

Scalable and Modular Architecture for CSS

적용 가능성의 깊이

스타일을 적용하고 싶은 HTML 요소를 선택할 때, 우리는 선택자를 사용한다. 선택자는 수년 간 종류를 늘려가며 스타일을 적용하기 쉽게 만들어 주고 있지만, 스타일시트에 선택자를 추가할수록 HTML 코드와 CSS 간의 결합도를 높이는 결과를 낳는다.

전형적인 CSS 코드를 한번 보자.

예제 8.1 CSS와 HTML이 얼마나 강하게 결합되어 있는지 볼 수 있는 코드

```
#sidebar div {
    border: 1px solid #333;
}

#sidebar div h3 {
    margin-top: 5px;
}

#sidebar div ul {
    margin-bottom: 5px;
}
```

위의 CSS 코드를 보면, HTML이 어떤 구조일지 대충 짐작할 수 있다. 사이드바에 한 개 이상의 섹션이 있을 것이고, 그 하위에 제목과 순서 없는 목록이 있을 것이다. 만약 사이트가 그리 자주 변경되지 않는다면, 이 CSS는 잘 작동할 것이다. 하지만 자주 변경되고 방대한 코드가 필요

한 큰 사이트에 이러한 방법을 쓴다면 문제가 생긴다. 선택자를 더 복잡하게 사용해서 많은 규칙들을 적용해야 하기 때문이다. 유지 보수 악몽에 시달리게 될 수도 있다.

위의 예제에는 두 가지 문제가 있다.

1. CSS가 HTML 구조에 강하게 의존하고 있다.
2. 선택자가 적용될 HTML의 깊이가 너무 깊다.

8.1 깊이 최소화하기

HTML은 부모, 자식으로 이루어진 트리 구조와 같다. 적용 가능성의 깊이는 특정 규칙에 영향을 받는 세대의 개수로 판별한다. 예를 들어, body.article > #main > #content > #intro > p > b는 깊이가 6세대이다. 선택자를 .article #intro b라는 식으로 쓰더라도 깊이는 여전히 6세대이다.

적용 가능성의 깊이 세대 수가 클 때의 문제점은 특정한 HTML 구조에 대한 의존성을 더 강화시킨다는 것이다. 이렇게 되면 페이지상의 컴포넌트를 쉽게 옮길 수가 없다. 사이드바 예제를 다시 보자. 페이지의 다른 부분에 같은 모듈을 추가하려면 어떻게 해야 될까? 규칙을 중복해서 써야 한다.

예제 8.2 사이드바와 꼬리말(footer)에 중복 적용된 규칙

```css
#sidebar div, #footer div {
    border: 1px solid #333;
}

#sidebar div h3, #footer div h3 {
    margin-top: 5px;
}

#sidebar div ul, #footer div ul {
    margin-bottom: 5px;
}
```

모듈의 루트가 div이니, 거기서부터 스타일을 적용해 나가면 어떨까?

예제 8.3 규칙의 단순화

```css
.pod {
    border: 1px solid #333;
}

.pod > h3 {
    margin-top: 5px;
}

.pod > ul {
    margin-bottom: 5px;
}
```

pod는 여전히 HTML 구조에 얽매여 있는 컨테이너지만, 전보다 깊이가 훨씬 얕아졌다. 다만 그 대가로, 이전에는 두 개의 요소에만 ID를 부여하면 됐는데 이제는 pod 클래스를 수많은 요소에서 반복하게 됐다. 하지만 우리는 모든 문단에 클래스 명을 추가하던 바보 같은 옛날로 돌아가고 싶지는 않다.

모듈을 사용할 때마다 클래스를 반복해 써줘야 하는 문제가 있지만, 깊이가 얕아짐으로써 생긴 이점이 있다. 동적인 콘텐츠를 위해 모듈을 템플릿으로 더 쉽게 변환할 수 있다는 것이다.

Yahoo!에서는 Mustache라는 템플릿 엔진을 사용한다. pod 예제에 Mustache를 적용해보자.

예제 8.4 Mustache 템플릿 예제

```html
<div class="pod">
    <h3>{{heading}}</h3>
    <ul>
        {{#items}}
        <li>{{item}}</li>
        {{/items}}
    </ul>
</div>
```

우리는 지금 유지 보수, 성능, 가독성 사이에서 균형을 맞추려 하고 있다. 깊이를 깊게 하면 HTML 코드에서 클래스 사용을 줄일 수는 있지만, 유지 보수 비용과 가독성에 대한 부담이 증가한다. 말하자면, 훨씬 더 유연한 시스템을 만들려는 게 아닌 경우 모든 곳에 클래스를 붙일 필요는 없다. 이때 h3와 ul에도 클래스를 붙이는 건 불필요하다.

앞서 본 예제 8.4는 일반적인 디자인 패턴을 보여 준다. 머리말과 본문이 하나의 컨테이너 안에 있고(꼬리말(footer)도 가능하다), ul도 그 안에 있다. ol이나 div도 물론 그 자리에 올 수 있다.

각각의 형태에 규칙을 중복 적용해 보자.

예제 8.5 규칙 중복 적용하기

```
.pod > ul, .pod > ol, .pod > div {
    margin-bottom: 5px;
}
```

그리고 pod-body로 클래스화하여 단순하게 만들 수도 있다.

예제 8.6 클래스로 단순화하기

```
.pod-body {
    margin-bottom: 5px;
}
```

모듈 규칙 관점에서 보자면 .pod 클래스를 구체화할 필요는 없다. 코드를 살펴보면 .pod-body가 pod 모듈과 관련이 있다는 걸 알 수 있기 때문이다.

예제 8.7 Mustache 템플릿 예제

```
<div class="pod">
    <h3>{{heading}}</h3>
    <ul class="pod-body">
```

```
        {{#items}}
        <li>{{item}}</li>
        {{/items}}
    </ul>
</div>
```

이 작은 변화의 결과로 적용 가능성의 깊이를 최대한 줄일 수 있었다. 또한, 하나의 선택자를 사용하여 우선순위 문제를 피할 수 있게 해준다. 일거양득이다.

9장

Scalable and Modular Architecture for CSS

선택자 성능

코딩을 하는 것도 중요하지만, 코딩의 결과물인 코드에 대한 성능 검사도 중요하다. 성능을 검사할 때 어디가 병목 지점인지 확인하기 위해 여러 가지 툴을 돌려보기도 하는데, 그중 구글(Google)의 Page Speed4[1]는 자바스크립트 코드와 렌더링 성능 개선 지점을 추천해 주는 애플리케이션이다. 이 애플리케이션이 제공하는 성능 개선 지점을 살펴보기 전에, 먼저 브라우저가 어떻게 CSS를 해석하는지부터 이해해보자.

9.1 CSS는 어떻게 해석되는가

9.1.1 요소의 스타일은 요소가 생성될 때 해석된다

우리는 페이지가 요소와 콘텐츠로 가득한 하나의 완전한 문서라고 생각하기 쉽다. 하지만 실제로 브라우저는 문서를 하나의 흐름으로 간주한다. 서버로부터 문서를 전송 받기 시작하면, 문서가 전부 다운로드되기 전에도 렌더링될 수 있다. 각각의 노드는 전송되는 대로 뷰포트에 렌더링된다.

---

[1] http://code.google.com/speed/page-speed

예제 9.1 HTML 문서

```html
<body>
    <div id="content">
        <div class="module intro">
            <p>Lorem Ipsum</p>
        </div>
        <div class="module">
            <p>Lorem Ipsum</p>
            <p>Lorem Ipsum</p>
            <p>Lorem Ipsum <span>Test</span></p>
        </div>
    </div>
</body>
```

브라우저는 최상단에서부터 시작해서 body 요소를 확인한다. 이 지점에서는 body가 비어 있다고 생각해서 아무것도 해석하지 않는다. 그리고 브라우저는 요소의 계산된 스타일(computed style)이 무엇인지 판단을 하고, 그 스타일을 요소에 적용한다. 어떤 서체를 사용하는지, 무슨 색인지, 줄 높이는 몇인지 확인한 후에 화면에 그대로 그려 낸다.

다음으로는 ID를 가지고 있는 div 요소를 찾는다. 이 시점에서 브라우저는 다시 한번 요소가 비어 있다고 생각한다. 아직 아무것도 해석하지 않은 상태인 것이다. 브라우저가 스타일을 찾아낸 후에야 div의 내용이 채워진다. 한번 채워진 후에도 요소가 더 넓어지거나 더 높아지는 등의 변화가 생겨서 body를 다시 그려야 할 필요가 있는지 확인을 한다.

이러한 과정은 문서의 끝에 도달할 때까지 계속된다.

파이어폭스(Firefox)에서 body를 다시 그리는 과정을 시각화한 자료는 http://youtu.be/ZTnIxIA5KGw에서 볼 수 있다.

9.1.2 오른쪽에서 왼쪽으로 해석되는 CSS

CSS가 특정 요소에 적용될 때 선택자는 오른쪽에서 왼쪽으로 해석된다. body div#content p { color: #003366; }를 예로 들어 보자. 이 규칙은 먼저 적용될 요소가 문단 요소(p)인지 확인한다. 만약 문단 요소라면, DOM을 한 단계 올라가서 content라는 ID를 가진 div 요소가 맞는지 확인한다. 조건에 맞는 요소를 찾으면 body에 도달할 때까지 또 올라간다.

오른쪽에서 왼쪽으로 동작해야 뷰포트에 훨씬 더 빠르게 그릴 수 있다. 어떤 규칙의 성능이 더 좋은가 하는 것은 스타일이 적용되기 위해 몇 개의 노드가 분석되어야 하는지를 보면 알 수 있다.[2]

9.1.3 어떤 규칙이 적용되는가?

각 요소를 페이지에 그릴 때는 어떤 스타일이 적용되어야 하는지 알아야 한다. Google Page Speed[3]에서 추천하는 페이지 로딩 속도를 더 빠르게 만드는 방법을 한번 살펴보자. 여기서 비효율적이라 판단하는 규칙은 총 네 가지다.

- 자손 선택자가 있는 규칙 (#content h3)
- 자식이나 인접 선택자가 있는 규칙 (#content > h3)
- 과하게 선택자를 사용한 규칙 (div#content > h3)
- 링크가 없는 요소에 :hover를 적용한 규칙 (div#content:hover)

이 추천 방법에서 기억해야 할 내용은 어떤 스타일을 적용할 것인지 결정하려고 두 개 이상의 요소를 분석하게 만드는 것은 비효율적이라는 점이다. 즉, 클래스 선택자든, ID 선택자든, 요소 선택자든, 속성 선택자든, 하나의 선택자만 사용하는 것이 좋다. 이 방법대로라면, <p class="bodytext">를 쓰던 때로 돌아가라고 하는 셈이다. 실제로 구글 검색이나 구글 메일의 CSS를 보면, 이 방법을 그대로 따르고 있다.

9.1.4 제한은 하되, 과하게 제한하지 않기

조금 더 실용적으로 해보자. 모든 것에 클래스와 ID를 부여하는 쪽과 HTML과 CSS 사이에 강한 결합을 발생시키는 깊이가 깊은 선택자를 사용하는 쪽 사이에서 균형을 잘 맞춰 보자는 말이다.

---

2 (옮긴이) 따라서 선택자의 깊이가 짧을수록 더 좋은 성능을 낼 수 있다.
3 http://code.google.com/speed/page-speed/docs/rendering.html#UseEfficientCSSSelectors

필자는 분석되어야 할 요소의 개수를 제한할 때, 아래의 세 가지 가이드를 따른다.

1. 자식 선택자를 사용할 것
2. 일반 요소들에 대해서는 태그 선택자를 사용하지 않을 것
3. 가장 오른쪽에 있는 선택자에 클래스 명을 사용할 것

예를 한번 보자. 만약 h3가 페이지에 12개밖에 없다고 정해져 있다면 `.module h3`는 나쁘지 않은 규칙이다. 하지만 h3의 개수가 늘어난다면 이야기가 다르다. `.module > h3`(IE6 사용자에겐 미안하다)를 사용한다면, 12개의 H3을 그리기 위해 24개의 요소만 해석하면 되지만 `.module div`를 사용하기로 했고, 내 페이지에 900개의 div가 있다면(실제로 지금 필자의 Yahoo! 메일에 903개의 새로 온 메일이 있으니 불가능한 가정도 아니다) 훨씬 더 많이 탐색해야 한다. 단순 `<div><div><div></div></div></div>`(3단계 깊이)는 6번의 해석이 필요하고, 4단계 깊이였다면 24번의 해석, 5단계 깊이였다면 120번 해석이 필요하다. 즉, 횟수가 계승(factorial)으로 증가한다.[4]

이 간단한 최적화조차도 사실은 다소 지나친 것일 수 있다. 성능 테스트를 끊임없이 해 온 스티브 사우더(Steve Souder)는 2009년, CSS 선택자의 성능 영향[5]에 대해 조사했고 최선의 경우와 최악의 경우의 차이가 0.05초(50ms) 정도 된다는 것을 밝혀냈다. 즉, 선택자 성능을 고려는 하되 시간을 많이 들일 만큼의 가치는 없다는 말이다.

---

4 (옮긴이) 계승이라는 것은 1에서 n 사이의 모든 자연수의 곱을 의미한다. 예를 들어 선택자의 깊이가 3이라면 3의 계승은 1×2×3, 선택자의 깊이가 4라면 4의 계승은 1×2×3×4다.
5 http://www.stevesouders.com/blog/2009/03/10/performance-impact-of-css-selectors/

Scalable and Modular Architecture for CSS

10장
HTML5와 SMACSS

SMACSS는 이전 버전의 HTML뿐만 아니라 HTML5와도 궁합이 잘 맞는다. 이는 SMACSS 접근법이 내걸은 두 가지 핵심 목표 덕분이다.

1. HTML 섹션에 대한 의미 가치를 늘릴 것
2. 특정 HTML 구조에 대한 의존을 줄일 것

HTML5는 섹션의 의미 가치를 증대시키는 몇몇 새로운 요소들을 도입했다. section, header, aside 같은 태그는 단순한 div에 비해 의미를 쉽게 알 수 있다. 데이터 입력 시 숫자 또는 텍스트 영역으로 구분할 수 있는 새로운 입력 타입도 도입했다. 추가된 태그와 속성은 의미를 내포하고 있다는 점에서 훌륭하다.

하지만 태그가 언제나 그 의미에 맞는 내용을 표현하는 건 아니다. 과연 nav 요소가 항상 같은 타입과 스타일의 내비게이션을 포함하고 있을까? 아래의 예제를 보자.

예제 10.1 서로 다른 스타일의 내비게이션

```
<nav class="nav-primary">
    <h1>Primary Navigation</h1>
    <ul>...</ul>
</nav>
```

```html
<nav class="nav-secondary">
    <h1>External Links</h1>
    <ul>...</ul>
</nav>
```

첫 번째 내비게이션은 페이지의 상단에 가로 형태로 놓여 있다. 반면, 두 번째 내비게이션(사이드바에 붙일)의 경우에는 아이템을 세로로 나열한다. 각각의 클래스 명이 두 타입 간의 차이를 설명해준다.

클래스 명으로는 요소 안의 콘텐츠에 대해 HTML5가 제공하는 것보다 더 자세하게 설명할 수 있다. 즉, 섹션의 의미 가치를 중대시키자는 우리의 첫 번째 목표에 잘 부합한다.

이제 위의 클래스 명에 맞추어 아래와 같이 CSS를 작성하고픈 욕구가 들 것이다.

예제 10.2 내비게이션의 CSS

```css
nav.nav-primary li {
    display: inline-block;
}
nav.nav-secondary li {
    display: block;
}
```

이렇게 하면 이 클래스가 nav 요소에서만 쓰인다는 것을 은연중에 알려주는 셈이다. 우리의 코드가 절대 바뀌지 않는다면 상관없겠지만 이 책의 목표는 확장 가능한 프로젝트를 대상으로 하고 있으므로, 구조가 바뀌면 어떻게 해야 할지 살펴보자.

첫 번째 내비게이션은 깊이가 1단계이다. 그런데 클라이언트가 오더니, 모든 요소에 드롭다운(drop down) 메뉴를 추가해야겠다고 말한다. 이제, HTML 구조가 바뀌어야 한다.

예제 10.3 첫 번째 내비게이션에 드롭다운 메뉴 추가하기

```
<nav class="nav-primary">
    <h1>Primary Navigation</h1>
    <ul>
        <li>About Us
            <ul>
                <li>Team</li>
                <li>Location</li>
            </ul>
        </li>
    </ul>
</nav>
```

어떻게 해야 아이템을 가로가 아닌 세로로 보이게 할 수 있을까?

이미 작성한 CSS를 그대로 사용한다고 하면, `<nav class="nav-secondary">`를 모든 ul에 추가해야 한다.

또한 하위 li 목록을 나열하기 위한 CSS를 추가할 수도 있다.

예제 10.4 CSS에 코드 추가하기

```
nav.nav-primary li {
    display: inline-block;
}

nav.nav-secondary li, nav.nav-primary li li {
    display: block;
}
```

또 다른 대안은 nav 태그를 삭제해서 우리의 두 번째 목표인 'HTML 구조에 대한 의존성 줄이기'에 부합하도록 하는 방법이다.

예제 10.5 SMACSS 스타일로 작성한 내비게이션 CSS

```
.l-inline li {
    display: inline-block;
}

.l-stacked li {
    display: block;
}
```

이 예제에서는 각각의 모듈(목록 아이템들, li)이 어떻게 포함되어야 하는지를 규정하고 있으므로 레이아웃 규칙을 적용했다. .l-stacked 클래스는 하위 내비게이션인 ul에도 적용될 수 있다. 이렇게 하면 바로 우리가 원하는 결과가 나온다.

그런데 자식 요소로 li를 지정하는 바람에 여전히 레이아웃 규칙이 특정 HTML 구조에 의존하고 있다. 이를 해결하는 몇 가지 방법이 있다. 한 가지 예는 모든 자식 요소에 스타일을 적용시키는 방법이다.

예제 10.6 모든 자식 요소에 스타일을 적용한 내비게이션 CSS

```css
.l-inline > * {
    display: inline-block;
}

.l-stacked > * {
    display: block;
}
```

그런데 이러한 접근법의 문제는 규칙이 li뿐만 아니라 모든 요소에 적용된다는 점이다. 타깃을 자손 선택자로 직접 지정하면 여기서 생기는 해석 측면의 비효율을 방지해 준다. 또, 같은 스타일을 적용할 자식 요소 어디에나 inline, stacked 클래스를 사용할 수 있게 된다.

예제 10.7 <nav> 코드

```html
<nav class="l-inline">
    <h1>Primary Navigation</h1>
    <ul>
        <li>About Us
            <ul class="l-stacked">
                <li>Team</li>
                <li>Location</li>
            </ul>
        </li>
    </ul>
</nav>
```

이렇게 하는 것만으로도 CSS를 간결하게 유지하면서 선택자를 복잡하게 사용하는 상황을 피할 수 있다. HTML 역시 이해하기 쉬운 구조로 수정했다.

의미를 명확히 하고 HTML 의존성을 낮추는 것, SMACSS를 사용하는 이 두 가지 목표를 기억하자.

11장

Scalable and Modular Architecture for CSS

프로토타이핑

좋은 개발자와 좋은 디자이너는 패턴을 즐겨 사용한다. 패턴은 익숙함을 주고, 재사용을 독려한다. SMACSS는 이러한 패턴을 규정하고, 패턴을 코드로 만드는 방법에 대한 것이다.

프로토타입은 컴포넌트의 부분과 전체를 눈으로 볼 수 있게 해준다. 또, 디자인 언어로 코드 블록을 만드는 데 도움이 된다. 웹 디자인 업계는 재사용 가능한 컴포넌트를 선호한다. 부트스트랩[1](웹 사이트 컴포넌트)이나 960.gs[2](레이아웃 그리드)를 포함한 많은 프레임워크에서도 이러한 컴포넌트를 볼 수 있다.

Yahoo!에서는 프로토타이핑 팀이 먼저 코드 블록을 만든 후 이를 제품 개발팀에서 사용했다. 이렇게 한 덕분에 다양한 제품 간에 일관성을 유지하는 데 큰 도움이 되었다. 개발에 기본이 되는 틀이 완전히 똑같았기 때문이다.

1 http://getbootstrap.com/ 또는 https://github.com/twbs/bootstrap
2 http://960.gs

11.1 프로토타입의 목표

프로토타입은 다음과 같은 목표를 갖고 있다.

- 상태를 보여 준다.
- 지역화로 생기는 이슈를 점검한다.
- 의존성을 낮춘다.

11.1.1 상태

기본 상태에서 접힌 상태, 에러 상태, 또는 직접 정의한 어떤 상태로 변하는 것을 시각적으로 보여 주는 것은 꽤 중요하다. 모듈이 정확히 설계되었는지 확인할 수 있기 때문이다.

데이터가 필요한 모듈이라면, 제대로 렌더링되는지 확인하기 위해 가짜 데이터를 활용할 수도 있다.

11.1.2 지역화

다양한 언어 지원이 필요한 프로젝트는 레이아웃이 깨지지 않는지 확인하기 위해 서로 다른 지역의 문자열을 이용한 모듈 테스트가 중요하다.

11.1.3 의존성

마지막으로 의존 관계를 분리하는 것도 아주 중요하다. 자신의 프로젝트에서 모듈이 제대로 렌더링되기 위해 어떤 CSS와 자바스크립트의 의존성이 엮여 있는지 확인해 보자. 지연 로딩(lazy loading)[3]이 사용되는 큰 프로젝트에서 의존성을 최소한으로 분리했다는 것은 모듈을 효율적으로 설계했음을 의미한다. 또한 다른 모듈에 큰 영향을 주지 않으면서 해당 모듈을 사이트에 통합시킬 수 있다.

Yahoo!에서는 모듈을 개별 CSS 파일로 분리하고, 필요할 때마다 콤

---

3 (옮긴이) 페이지가 로딩될 때 한꺼번에 로딩되는 것이 아니라, 해당 요소가 사용될 때 로딩되는 것을 의미한다.

보 핸들러를 이용해서 묶었다. 예를 들어, 받은 메일 페이지를 로딩할 때 쓰는 버튼, 메시지 리스트, 사이드바, 탭, 머리말이 포함된 CSS 파일들을 함께 묶었다. 그리고 사용자가 검색 페이지로 요청을 보내면 콤보 핸들러가 검색에 특화된 스타일을 묶고, 파이프를 통해 이를 전달했다. 검색 페이지에서는 기본 메시지 리스트와 사이드바의 변형 모듈을 사용했기 때문에 서브 클래스 모듈을 불러오기만 하면 됐다.

11.2 퍼즐 조각

Yahoo!에서는 이러한 프로세스에 도움이 되는 프로토타이핑 엔진을 만들었다. 여러분에게도 프로젝트의 규모에 따라서는 비슷한 도구가 필요할 수 있다.

프로토타이핑 엔진은 기본적으로 Mustache 템플릿[4]을 사용한다. 가짜 데이터는 JSON 파일에 저장되고, 지역화 문자열은 텍스트 파일에 키-값 쌍으로 저장되며 CSS와 Javascript 의존성은 필요한 만큼만 존재한다. 덕분에 팀에서는 메뉴, 다이얼로그, 폼을 그 자체로 볼 수 있었고, 전체 사이트의 문맥상에서 확인할 수도 있었다. 그렇게 함으로써 모두가 실제 개발에 들어가기에 앞서 기능과 디자인을 검토할 수 있었다. 또 이를 토대로 리소스를 군더더기 없이 통합할 수 있었다.

그림 11.1 Yahoo!의 프로토타이핑 엔진

4　http://mustache.github.io

이 엔진의 경우, 일부 상태는 모듈이 렌더링되기 전에 처리된다. 데이터 필터링, 조건부 아이템 등 서버사이드 프로세싱을 통해 다뤄지는 모든 것들이 처리된다. 상태 관리를 매번 HTML 요소에 클래스 명을 부여하는 식으로 관리하지 않는다.

11.3 여러분의 프로토타입

작은 사이트에서는 모듈을 컴파일하기 위해 모든 기능을 다 갖춘 엔진을 사용하는 것이 다소 불필요한 일이긴 하다. 하지만 컴포넌트를 점검하거나 확인하기 쉬운 포맷으로 분리할 수 있다는 데 이점이 있다. 한 가지 예로, 메일침프(MailChimp) 사이트에는 그들이 사이트를 구축하는 데 사용한 디자인 패턴[5]을 점검할 수 있도록 정리한 문서(cheat sheet)가 있다. 이 문서에는 사이트에 사용된 다양한 모듈과 각 모듈에 필요한 코드가 잘 정리되어 있다.

다시 한번 말하지만, 패턴은 좋은 것이다. 그 패턴을 코드화하는 것 역시 좋은 것이다. 거기에 더해서 그 패턴을 테스트하고 점검하는 프로세스를 갖는다면 금상첨화다.

[5] https://c2.staticflickr.com/6/5174/5579386649_42dc4e50f4_o.png

12장

Scalable and Modular Architecture for CSS

전처리기

CSS가 훌륭하긴 하지만, 개발자와 디자이너가 필요로 하는 기능들 중 빠진 것이 몇 가지 있다. 이렇게 빠진 기능들을 채우기 위한 여러 가지 도구들이 있는데, 그중 하나가 CSS 전처리기(CSS preprocessor)다. 12장에서는 전처리기란 무엇이고, 어떤 역할을 하며, 확장성 있는 모듈 단위의 CSS를 개발하는 데 어떻게 도움이 되는지 살펴본다.

12.1 전처리기란 무엇인가?

CSS 전처리기는 특별한 문법을 사용하여 CSS를 작성하고, 이를 컴파일해서 일반적인 CSS 코드로 만든다. 어떤 전처리기는 CSS 문법과 흡사한 문법을 쓰기도 하고, 최대한 단순한 문법을 쓰기도 한다.

Stylus[1] 전처리기를 사용한 아래의 예제를 보자

예제 12.1 Stylus를 이용해서 CSS 작성하기

```
@import 'vendor'
body
  font 12px Helvetica, Arial, sans-serif
```

[1] http://learnboost.github.com/stylus/

```
a.button
  border-radius 5px
```

루비(Ruby)[2]나 커피스크립트(CoffeScript)[3]를 안다면, 이런 코드가 익숙할 것이다. 중괄호와 세미콜론을 없애고 공백을 사용한 코드다. 들여쓰기 조절을 통해 어느 프로퍼티가 어떤 규칙에 적용될지 알 수 있다. 프로퍼티 명에는 공백이 없어야 하며, 프로퍼티 명 바로 다음에 오는 공백은 프로퍼티와 값을 구분해 준다.

Stylus와 함께 시장을 주도하고 있는 전처리기는 Sass[4](그와 비슷한 Compass[5]도 있다)와 Less[6]다.

12.2 전처리기 설치하기

커맨드 라인에 익숙치 않은 디자이너들은 전처리기를 설치하는 데 애를 먹곤 한다. 하지만 설치 환경에 따라 Application 폴더에 애플리케이션을 드래그만 하면 될 정도로 간단하다.

Sass와 Compass를 Mac에서 설치하려면 커맨드 라인에 다음 명령어만 입력하면 된다.[7]

예제 12.2 맥에서 Sass 설치하기

```
sudo gem install sass
```

2　http://www.ruby-lang.org/ko/
3　http://coffeescript.org/
4　http://sass-lang.com/
5　http://compass-style.org/
6　http://lesscss.org/
7　(옮긴이) 윈도우에서 설치하는 방법은 http://www.insightbook.co.kr/88742 참고

예제 12.3 맥에서 Compass 설치하기

```
sudo gem install compass
```

gem은 최신 Mac OS X에 내장된 루비의 커맨드 라인 툴이다. 애플리케이션을 설치할 때 패키지 매니저의 역할을 한다.[8]

Sass가 설치되었다면, 이 Sass가 작업 중인 폴더를 가리키도록 설정해야 한다.

예제 12.4 맥에서 Sass 설정하기

```
sass --watch before:after
```

before는 모든 .scss(미리 컴파일된(precompiled) CSS 파일) 파일이 들어 있는 폴더 명이고, after는 컴파일이 끝난 CSS 파일이 놓일 폴더이다. 이렇게 해두면, .scss 파일에 작은 변화가 생겼을 때 자동으로 컴파일되어 after 폴더에 .css 파일로 저장된다. 이 기능은 빠르게 테스트하며 개발할 때 유용하다(.scss 파일은 일반적인 .css 파일과 비슷한데, Sass 문법을 사용한다는 것이 약간 다르다. 문법에 대해서는 이 장의 뒷부분에서 설명하겠다).

커맨드 라인이 필요 없는 Compass라는 Mac 애플리케이션[9]도 있다.

Less는 npm, 즉 노드 패키지 매니저(Node Package Manager)[10]를 사용한다. Mac에 내장되어 있는 도구는 아니다. 따라서 Less를 사용하기 위해서는 npm을 먼저 설치해야 한다. 자바스크립트에 코드를 삽입하면 Less 역시 개발 과정 중에 클라이언트 쪽에서 실행시킬 수 있다.

---

8 http://rubygems.org/
9 http://compass.handlino.com/
10 https://github.com/npm/npm

예제 12.5 Less의 클라이언트 측 코드

```
<link rel="stylesheet/less" type="text/css" href="styles.less">
<script src="less.js"></script>
```

서비스할 사이트에는 앞 페이지의 코드를 이식하면 안 된다. 항상 실행하기 전에 CSS를 컴파일해야 한다.

예제 12.6 Less 커맨드 라인 명령

```
lessc styles.less
```

웹 개발자라면 커맨드 라인 툴은 필수다. 커맨드 라인 툴은 개발 과정을 간소화할 수 있는 실용적인 방법이자, GUI 툴이 해결할 수 없는 문제를 해결해 주기도 하는 좋은 도구이기 때문이다.

12.3 전처리기의 유용한 기능들

전처리기에는 CSS를 좀 더 쉽게 작성할 수 있게 하는 기능들이 많은데, 그중 일부는 다음과 같다.

- 변수
- 중첩(Nesting) 표현
- 믹스인(Mixins)
- 함수
- 익스텐션(Extension)
- 연산
- 보간법(補間法)
- 파일 불러오기

어떤 것들인지 천천히 살펴보자(예제에서는 Sass를 사용하지만, Less와 Stylus에도 비슷한 개념의 기능들이 있으니 걱정하지 말자).

12.3.1 변수

CSS 작업을 한 시간 넘게 해본 사람이라면 누구나, 색상 값을 저장해 놓고 여러 번 재사용하고 싶었던 경험이 있을 것이다. 이때 Sass에서는 $를 붙여 변수를 정의할 수 있다.

예제 12.7 변수 재사용하기

```
$color: #369;

body {
    color: $color;
}
.callout {
    border-color: $color;
}
```

컴파일러는 이 변수 정의를 변환해서 파일로 만든다.

예제 12.8 컴파일된 변수

```
body {
    color: #369;
}

.callout {
    border-color: #369;
}
```

이는 한번에 여러 개의 값을 변경시켜야 할 때 유용하다. (살짝 일러두자면, W3C는 현재 CSS 변수에 관한 명세 작업을 하고 있다.[11])

---

[11] http://drafts.csswg.org/css-variables/

12.3.2 중첩 표현

선택자 체인은 CSS를 코딩하며 꽤 자주 생기는 일이다.

예제 12.9 선택자 체인

```
.nav > li {
    float: left;
}

.nav > li > a {
    display: block;
}
```

중첩은 위와 같은 스타일을 더 깔끔하게 묶어 준다.

예제 12.10 Sass에서의 중첩 표현

```
.nav {
    > li {
        float: left; >a {
            display: block;
        }
    }
}
```

각 스타일이 깊이에 맞게 감싸져 있다. 생성된 후에는 이 코드가 어떻게 될까?

예제 12.11 Sass로부터 생성된 CSS 코드

```
.nav > li {
  float: left; }
  .nav > li > a {
    display: block; }
```

중첩 표현은 어떤 요소가 어떤 스타일과 묶이는지 명확하게 보여 준다. 들여쓰기하는 것과 크게 다르지 않다. 또 .nav를 매번 입력하지 않아도 되기 때문에 타자를 치는 데 들어가는 시간 낭비도 줄일 수 있다.

12.3.3 믹스인

믹스인(Mixins)은 스타일을 묶어 둔 그룹으로, CSS 전체에서 재사용될 수 있는 강력한 기능이다. 믹스인의 결과를 입맛대로 다루기 위해 파라미터를 취할 수도 있고, 벤더 접두사를 관리하는 데도 많이 쓰인다.

예제 12.12 border-radius 믹스인으로 선언하기

```
@mixin border-radius($size) {
  -webkit-border-radius: $size;
    -moz-border-radius: $size;
         border-radius: $size;
}
```

한번 믹스인을 선언하면, include 지시자를 통해 CSS 어디서든 부를 수 있다.

예제 12.13 include 지시자를 통해 작성하기

```
.callout {
    @include border-radius(5px);
}
```

전처리기는 위의 코드를 컴파일해서 아래와 같이 만든다.

예제 12.14 border-radius 믹스인을 사용한 후 생성된 CSS

```
.callout {
  -webkit-border-radius: 5px;
    -moz-border-radius: 5px;
         border-radius: 5px;
}
```

12.3.4 함수

믹스인 예제가 이미 함수처럼 보이긴 하지만 실제로 함수는 아니다. 실제 함수로는 값을 계산하는 것이 가능하다. 아주 강력한 기능이다. 예를

들어 lighten 함수로 색상 값과 비율을 가져와서 그 값의 밝기를 조정할 수 있다.

예제 12.15 함수를 이용해 색상 값 조정하기

```
$btnColor: #036;
.btn {
    background-color: $btnColor;
}
.btn:hover {
    background-color: lighten($btnColor, 20%);
}
```

그러면 전처리기가 아래와 같은 코드로 컴파일한다.

예제 12.16 컴파일된 색상 함수 예제 CSS

```
.btn {
    background-color: #003366;
}
.btn:hover {
    background-color: #0066cc;
}
```

Sass에는 이외에도 유용한 함수들이 많고, Compass에는 그보다 더 많다. Sass를 사용한다면 Compass도 사용해 보는 것을 강력하게 추천한다.

12.3.5 익스텐션

익스텐션(extension)이란 하나의 모듈을 다른 모듈의 프로퍼티를 이용해 확장하는 기능을 말한다. Sass에서는 extend 지시자를 이용하면 된다.

예제 12.17 Sass 확장하기

```
.btn {
    display: block;
    padding: 5px 10px;
    background-color: #003366;
}
.btn-default {
    @extend .btn;
    background-color: #0066cc;
}
```

이 경우에 익스텐션 btn의 스타일을 그대로 가져와서 btn-default에 적용한다. Sass는 꽤 똑똑해서, 규칙을 단순히 복사해 오는 것이 아니라 복합 선택자를 생성한다. 아래의 예를 보자.

예제 12.18 Sass 익스텐션을 사용한 후 컴파일된 CSS

```
.btn, .btn-default {
  display: block;
  padding: 5px 10px;
  background-color: #003366; }
.btn-default {
  background-color: #0066cc; }
```

익스텐션은 단순한 선택자에만 사용할 수 있다. 즉, #main .btn 같은 경우에는 확장을 할 수 없다는 말이다. 뒤에서 확장에 대해 조금 더 이야기해 보고, SMACSS에 어떤 영향을 미쳤는지 알아보자.

12.3.6 더 나아가기

지금까지 전처리기에 대해 이야기한 것은 빙산의 일각이다. 더 많은 기능들과 예제가 있다. 처음에는 방대한 양에 겁을 먹을 수도 있지만, 모든 기능을 당장 사용할 필요는 없으니 천천히 익혀보자.

12.4 문제를 맞닥뜨리고 벗어나기

'큰 힘에는 큰 책임이 따른다'는 속담이 있다. 전처리기는 미리 컴파일된 CSS 파일을 깔끔하게 유지할 수 있는 많은 기능들을 제공하지만, 자칫하면 컴파일된 후에 디버깅하기 어려운 비대한 CSS를 생성할 수도 있다. 다른 말로 하면, 처음 상태로 돌아가버릴 수도 있다는 것이다. 사실 비대한 코드는 직접 코딩을 하든, 드림위버 같은 WYSIWYG 툴을 사용하든, 커맨드 라인 전처리기를 사용하든, 어떤 방식으로 코딩을 하더라도 만들어질 수 있다. 이것은 반대로 그 어떤 방식을 이용하더라도 좋은 코드를 만들 수 있다는 뜻이기도 하다.

이제 문제가 발생할 수 있는 부분을 살펴보자.

12.4.1 깊은 중첩

한번 중첩을 사용하기 시작한 다음에는 너무 멀리 가버리는 일이 순식간에 일어난다. 예제를 한번 보자.

예제 12.18 Sass에서의 깊은 중첩

```
#sidebar {
  width: 300px;
  .box {
    border-radius: 10px;
    background-color: #EEE;
    h2 {
      font-size: 14px;
      font-weight: bold;
    }
    ul {
      margin:0;
      padding:0;
      a {
        display:block;
      }
    }
  }
}
```

이런 코드를 꽤나 자주 볼 수 있다. 이 코드가 컴파일되면 어떻게 되는지 살펴보자.

예제 12.19 깊은 중첩을 한 후 컴파일된 CSS

```
#sidebar {
  width: 300px; }
  #sidebar .box {
    border-radius: 10px;
    background-color: #EEE; }
    #sidebar .box h2 {
      font-size: 14px;
      font-weight: bold; }
    #sidebar .box ul {
      margin: 0;
      padding: 0; }
      #sidebar .box ul a {
        display: block; }
```

12.4.2 SMACSS에서의 중첩

SMACSS는 그 특성상, 중첩의 깊이도 최소화한다. 레이아웃과 모듈을 분리하는 규칙이 위에서 발생한 이슈를 피하게 해준다. SMACSS로 하면 예제 12.19는 아래처럼 바뀐다.

예제 12.20 SMACSS에서의 깊은 중첩

```
#sidebar {
    width: 300px;
}

.box {
    border-radius: 10px;
    background-color: #EEE;
}

.box-header {
    font-size: 14px;
    font-weight: bold;
}

.box-body { margin: 0; padding: 0; a{
    display: block;
```

12장 전처리기   **73**

        }
    }
```

코드에 중첩이 거의 없다! 특정 스타일에 도달하기 위해 긴 선택자를 사용할 필요가 없기 때문이다. 이제 중첩에 대해 걱정해야 하는 때는 모듈의 일부에서 요소 선택자를 사용해야 할 때뿐이다.

현재 요소에 적용될 스타일을 결정할 때 선택자 체인이 길면, 브라우저는 필요 이상으로 작동하게 된다.

### 12.4.3 불필요한 확장

예제 12.17의 버튼 확장 예제로 다시 살펴보자.

**예제 12.21** Sass를 이용한 버튼 확장

```
.btn {
    display: block;
    padding: 5px 10px;
    background-color: #003366;
}
.btn-default {
    @extend .btn;
    background-color: #0066cc;
}
```

이 코드에는 아래의 HTML 코드가 따라온다. 더 이상 요소에 btn, btn-default를 둘 다 붙여서 특정할 필요가 없다. 하나만 특정하면 된다. 여러 개였던 선언을 HTML에서 CSS로 옮겨 온 것이다.

예제 12.22 링크에 클래스 적용하기

```
<a class="btn-default">My button</a>
```

하위 모듈을 만들기 위해 모듈을 확장하는 것은 HTML에 클래스를 여러 번 정의해야 하는 수고를 덜어 준다. 또한 이렇게 하면 명명 규칙이
```

이전보다 훨씬 중요해진다. 예를 들어 btn이라는 모듈이 있고 small이라 이름 붙인 하위 모듈이 있다고 하자. 만약 small에만 스타일을 적용한다면 문제가 복잡해진다. 도대체 뭐가 작다는 뜻인지 헷갈리기 때문이다. 하지만 btn-small으로 이름을 붙이면 그 자체를 하위 모듈 명으로 쓸 수도 있고, 목적이 무엇인지도 명확히 알 수 있다.

Sass 소스를 보면, @extend를 사용한 덕에 btn-default이 하위 모듈이라는 것을 알 수 있다. 컴파일 후 생성된 소스를 봐도 그 사실을 알 수 있는데, 이는 btn-default가 btn 클래스와 함께 묶여 있기 때문이다.

모듈 확장이 실패하는 경우는 이질적인 모듈 간에 확장을 시도할 때다.

예제 12.23 이질적인 모듈 간에 확장하기

```
.box {
    border-radius: 5px;
    box-shadow: 0 0 3px 0 #000000;
    background-color: #003366;
}
.btn {
    @extend .box;
    background-color: #0066cc;
}
```

예제처럼 이질적인 두 모듈 간에 확장을 꾀하면, 모듈에 대한 특정 스타일이 어디에 위치해야 옳은 것인지 알 수 없게 된다.

CSS의 모든 것을 강하게 그룹 지어 두면 적시 로딩과 로딩 컴포넌트에 따른 조건부 묶음을 만드는 것도 어려워진다. 위의 경우에서는 이를 해결하기 위해 버튼과 박스 스타일은 함께 로딩되어야 한다.

같은 모듈 내에서 확장하는 것조차도 적시 로딩을 하는 프로젝트에서는 복잡함을 유발할 수 있다. Yahoo!에 있을 당시에 페이지가 로딩될 때 기본 버튼 스타일을 로딩하려고 했는데, 확장 전략으로 인해 기본 스타일이 아닌 두 번째 스타일만 로딩되었다. 덕분에 첫 페이지 로딩이 매우 빠르게 되긴 했다.

12.4.4 SMACSS 익스텐션

SMACSS의 원칙에 따르면, 익스텐션은 CSS 레벨이 아닌 HTML 레벨에서 여러 개의 클래스를 추가함으로써 사용된다.

> **예제 12.24** 버튼에 SMACSS 모듈 클래스 적용하기
>
> ```
> <a class="btn btn-default">My button</a>
> ```

이렇게 하면 모듈의 루트 요소가 무엇인지를 알게 된다는 이점이 생긴다. 컴파일된 HTML을 브라우저에서 확인해 보면 어디서 모듈이 시작되고 어디서 끝나는지 알아차리기 어려운 경우가 있는데, 루트 모듈 명에는 -(하이픈)이 없어서 다른 모듈 명과 뚜렷이 구분된다.

HTML에 이렇게 여러 개의 클래스가 추가되는 것이 다소 불필요하게 느껴질 수도 있다. 하지만 그렇지 않다. 이들은 의도를 명확하게 해주고 애매했던 요소의 의미를 확실하게 해준다.

12.4.5 과하게 사용된 믹스인

믹스인은 반복을 제거하는 실용적인 방법이다. 그러나 CSS의 클래스도 같은 역할을 한다. 여러 군데에 적용된 똑같은 CSS가 있다면, 그 스타일을 클래스로 만드는 것도 나쁘지 않다.

몇 개의 모듈이 회색 배경, 파란색의 동그란 테두리 스타일을 공유하고 있다고 가정해 보자. 믹스인을 쓴다면 아래와 같은 코드가 될 것이다.

> **예제 12.25** 일반적인 Sass 믹스인 패턴
>
> ```
> @mixin theme-border {
>     border: 2px solid #039;
>     border-radius: 10px;
>     background-color: #EEE;
> }
> ```

```
.callout {
    @include theme-border;
}

.summary {
    @include theme-border;
}
```

위의 코드는 컴파일 후에 아래와 같이 변한다.

예제 12.26 컴파일된 믹스인 CSS

```
.callout {
    border: 2px solid #039;
    border-radius: 10px;
    background-color: #EEE;
}

.summary {
    border: 2px solid #039;
    border-radius: 10px;
    background-color: #EEE;
}
```

12.4.6 반복적인 패턴을 위한 SMACSS

위 예제의 경우에는 다양한 컨테이너에 시각적 요소가 추가되는 것이기 때문에 자체 클래스에 스타일을 위치시키는 것도 괜찮은 방법이다.

예제 12.27 클래스를 정의하는 일반적인 패턴

```
.theme-border {
    border: 2px solid #039;
    border-radius: 10px;
    background-color: #EEE;
}

.callout {
}

.summary {
}
```

그리고 요소에 적용하면 다음과 같다.

예제 12.28 클래스 적용하기

```
<div class="callout theme-border"></div>
<div class="summary theme-border"></div>
```

12.4.7 파라미터화 된 믹스인

파라미터화 된 믹스인은 CSS만으로는 불가능한 여러 기능들을 제공한다. '12.3.3 믹스인'에 나왔던 border-radius 믹스인 예제가 파라미터화 된 믹스인의 좋은 예다.

12.5 전처리기 정복하기

앞서 전처리기의 몇 가지 문제점을 이야기하고, SMACSS를 통해서도 전처리기와 비슷한 기능을 할 수 있다는 것을 보았다. 그러나 무엇이든지 적당한 것이 좋다. 생성된 파일을 확인하면서 최종 결과가 예상한 대로인지 확인하자. 코드에 반복이 많다면, 접근법을 계속 리팩터링하면 된다.

그럼, 전처리기를 통해 코드를 더 효율적으로 모듈화하는 방법을 몇 가지 살펴보자.

12.5.1 중첩을 이용한 상태 기반의 미디어쿼리

7장 '상태 변화'에서도 보았듯이, 미디어쿼리는 상태 변화를 감지하고 관리할 수 있는 방법 중 하나이다. 대부분의 튜토리얼이 분리된 스타일시트로 데모를 하고 상태와 관련된 모든 스타일은 하나의 파일에 넣어 둔다. 이렇게 하면 모듈의 정의가 여러 개의 파일에 나뉘어서 관리하기 어렵게 된다.

Sass에서는 미디어쿼리도 중첩될 수 있다. 즉, 상태 변화를 자신이 속한 모듈에도 반영시킬 수 있다는 뜻이다.

다음은 중첩된 미디어쿼리 예제다.

예제 12.29 Sass에서 중첩된 미디어쿼리

```
.nav > li {
    width: 100%;

  @media screen and (min-width: 320px) {
      width: 100px;
      float: left;
  }

  @media screen and (min-width: 1200px) {
        width: 250px;
    }
}
```

기본 상태가 정의되고, 변화되는 상태가 해당 모듈 내에 정의된다. 미디어쿼리 안에 또 다른 미디어쿼리를 삽입할 수도 있는데, Sass가 이 미디어쿼리 조건들을 알아서 연결한다.

위 코드가 컴파일된 후에는 아래의 코드가 된다.

예제 12.30 컴파일된 결과

```
.nav > li {
    width: 100%;
}
@media screen and (min-width: 320px) {
    .nav > li {
        width: 100px;
        float: left;
    }
}
@media screen and (min-width: 1200px) {
    .nav > li {
        width: 250px;
    }
}
```

Sass는 별도의 미디어쿼리를 만들고 내부에 선택자를 삽입한다. 이 예제에서는 기본 상태를 320px 이하의 작은 스크린 뷰로 지정했다. 그러고 나서 특정 너비에 도달하면 float 속성을 가진 내비게이션으로 바꾸었다. 마지막으로 너비를 1200px로 바꾸지만 float를 재선언하지는 않는다. 개인적으로 이렇게 다양한 미디어쿼리로 스타일이 상속되는 형태를 좋아한다.

무엇보다도 변화된 어떤 상태든지 모듈 내에서 선언된다는 것이 장점이다.

12.5.2 파일 정리하기

전처리기는 SMACSS가 권장하는 독립적인 파일 관리를 가능하게 한다.
아래는 프로젝트 파일 분리에 대한 가이드라인이다.

- 모든 베이스 규칙은 각자의 파일에 둔다.
- 레이아웃에 따라 주요 레이아웃을 분리된 파일로 둘지 하나의 파일에 둘지 결정한다.
- 각각의 모듈을 분리된 파일에 둔다.
- 프로젝트의 규모에 따라 하위 모듈을 각자의 파일에 둔다.
- 전역 상태 역시 각각의 파일에 둔다.
- 해당 레이아웃과 모듈에 영향을 미치는 미디어쿼리를 포함하여 레이아웃과 모듈 상태는 각 모듈 파일에 둔다.

이런 식으로 파일을 분리해 두면, 프로젝트 프로토타입 제작이 훨씬 쉽다. HTML 템플릿도 각각의 컴포넌트와 CSS에 대해 생성할 수 있고, 각 컴포넌트(하위 컴포넌트를 포함하여)에 대한 템플릿은 독립적으로 테스트할 수 있다.

믹스인이나 변수 같이 전처리기에 특화된 컴포넌트 역시 독립적인 파일에 둬야 한다.

예제 12.31 디렉터리 구조의 예

```
+-layout/
| +-grid.scss
| +-alternate.scss
+-module/
| +-callout.scss
| +-bookmarks.scss
| +-btn.scss
| +-btn-compose.scss
+-base.scss
+-states.scss
+-site-settings.scss
+-mixins.scss
```

마지막으로, 전처리기는 다른 파일들을 포함하는 주 CSS 파일을 생성한다. 많은 사이트들에서는 단순히 하나의 마스터 스타일시트에 모든 파일을 포함시키는 것을 의미하지만, 조건부 리소스 로딩이 있는 프로젝트에서는 특정 스크린에 대해서만 필요한 파일을 호출하는 컨테이너 파일들도 만들 수 있다.

예제 12.32 마스터 파일 내부

```
@import
    "site-settings",
    "mixins",
    "base",
    "states",
    "layout/grid",
    "module/btn",
    "module/bookmarks",
    "module/callout";
```

전처리 컴파일러(precompiler)는 이 여러 가지 파일을 하나의 파일로 컴파일할 것이다.

이제 배포할 준비가 되면, CSS 파일의 압축 버전을 생성한다. 아마 여러분의 환경에는 CSS를 제외한 애플리케이션의 나머지 부분도 배포하는 빌드 스크립트가 있을 것이다. 전처리기를 최종 빌드 프로세스에 통합시키는 것을 잊지 말자.

예제 12.33 Sass를 이용한 CSS 파일 압축 커맨드 라인 명령

```
sass -t compressed master.scss master.css
```

12.6 전처리기에 대한 회고

지금까지 우리는 전처리기가 무엇이고 어떻게 설치하는지 살펴보았다. 자주 쓰이는 기능들과 단점에 대한 이야기도 나누었다. 마지막으로 전처리기를 통해 프로젝트를 더 쉽게 관리하는 법도 살펴보았다. 전처리기는 여러모로 유용하게 쓰일 수 있다.

13장
Scalable and Modular Architecture for CSS

자주 쓰이지 않는 요소

요소(element) 중에는 자주 쓰이지 않는 요소들이 몇 가지 있다. 그래서 사람들은 이 요소가 재사용되거나 변화할 가능성이 없다고 생각하고 베이스 규칙으로 스타일을 적용하려는 위험에 빠진다. 지금부터 이야기하겠지만, 모든 것은 변한다. 그렇기 때문에 이미 해 놓은 작업이 복잡해지지 않도록 변화에 대비해야 한다.

이렇게 될 가능성이 높은 요소는 무엇일까? 버튼, 테이블, 입력 요소가 가장 흔한 것들이다. 예를 한번 보자.

13.1 테이블

레이아웃의 표준이 테이블이었던 시대는 오래전에 끝났다. 이제는 테이블을 쓸 일도 거의 없다.

테이블이 쓰이는 경우는 아마도 비교 테이블 같이 데이터 셋을 보여줘야 할 때일 것이다. 이러한 비교 테이블에는 대개 안쪽 여백이나 열 배열, 테두리 스타일 규칙 등이 있다.

예제 13.1 테이블 스타일

```
table {
    width: 100%;
    border: 1px solid #000;
    border-width: 1px 0;
    border-collapse: collapse;
}
td {
    border: 1px solid #666;
    border-width: 1px 0;
}
td:nth-child(2n) {
    background-color: #EEE;
}
```

시간이 좀 지나고 나서, 위 스타일을 적용한 테이블에 새로운 테이블을 넣을 일이 생겼다고 가정하자. 그런데 이번에는 좀 다른 목적의 테이블이라서 헤더는 왼쪽에, 데이터는 오른쪽에 있어야 한다. 테두리는 없애고, 배경도 바뀌어야 한다. 가장 쉽게 생각할 수 있는 스타일링 방법은 기본 스타일에 덧씌우는 방법이다.

예제 13.2 이전 스타일에 오버라이딩하기

```
table.info {
    border-width: 0;
}

td.info {
    border-width: 0;
}

td.info:nth-child(2n) {
    background-color: transparent;
}

.info > tr > th {
    text-align: left;
}

.info > tr > td {
    text-align: right;
}
```

이렇게 오버라이딩을 하는 이유는 애시당초에 베이스 규칙을 하나의 목적에 의해서만 디자인했기 때문이다. 베이스 규칙은 스타일이 기본적으로 어떻게 보여야 하는지를 규정하고 이를 세부적인 모듈로 발전시킬 수 있는 형태여야 한다. 앞의 예제에서 비교 테이블은 모듈이었다. 그런데 이 테이블은 하나의 목적만을 가지고 있고, 한 가지 형태뿐인 디자인을 가지고 있다.

문제를 해결하는 방법은 간단하다. 모듈을 만들면 된다!

예제 13.3 오버라이딩 대신 모듈 생성하기

```
table {
    width: 100%;
    border-collapse: collapse;
}
.comparison {
    border: 1px solid #000;
    border-width: 1px 0;
}
.comparison > tr > td {
    border: 1px solid #666;
    border-width: 1px 0;
}
.comparison > tr > td:nth-child(2n) {
    background-color: #EEE;
}
.info > tr > th {
    text-align: left;
}
.info > tr > td {
    text-align: right;
}
```

테이블 요소가 여전히 기본 스타일 세트를 갖추고 있다. 테이블을 확장하고 `border-collapse: collapse`를 사용했다.

이제 비교 테이블 모듈이 잘 분리되었다. 자식 선택자를 이용해 다른 모듈에 끼칠 만한 영향도 최소화했다. 만약 이 테이블 안에 또 새로운 테이블을 넣게 된다면(보통 잘 하지 않는 방법이긴 하지만) 비교 테이블 모듈이 새로운 테이블에 절대 영향을 미치지 않을 것이다. 게다가 info 모듈은 이제 두 개의 간단한 규칙만 쓰면 된다.

　이제 코드를 깔끔하게 유지하면서도 CSS 코드를 줄였다. 앞에서도 언급했듯이 button과 input 요소도 테이블과 비슷한 문제를 종종 겪는다. 원칙만 기억하면 된다. 스타일이 특별한 목적을 가지고 있다면 모듈을 만들어야 한다는 것이다. 이렇게 하면 스타일을 오버라이딩할 필요도, 오래된 코드를 다시 써야 할 일도 없을 것이다.

14장

Scalable and Modular Architecture for CSS

아이콘 모듈

CSS 스프라이트(sprite)는 명실상부 모던 웹 개발의 중심이 되었다. 스프라이트는 여러 개의 자원을 하나로 만들어서, HTTP 요청을 최소한으로 줄여 주었다. 그리고 롤 오버(rollover) 상태와 같이 필요한 이미지들을 적절하게 미리 로딩해 준다.

스프라이트가 생기기 전에는 이미지가 배경(다른 요소가 위에 놓일 수 있는)과 전경(텍스트와 함께 인라인으로 놓이는) 두 가지 맥락에서만 사용될 수 있었다. 하지만 스프라이트 덕분에 무엇이든 배경 이미지가 될 수 있고, 하나의 요소로서 위치할 수 있게 되었다.

이 장에서 이야기하고자 하는 것은 후자에 관한 것이다. 예제를 보면 더 확실하니 아이콘이 포함된 아래 메뉴 그림을 보자.

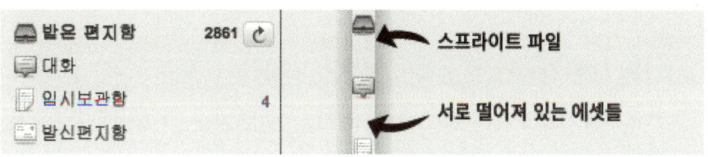

그림 14.1 아이콘이 있는 아이템 메뉴

예제 14.1 메뉴 HTML

```
<ul class="menu">
    <li class="menu-inbox">Inbox</li>
    <li class="menu-drafts">Drafts</li>
</ul>
```

HTML은 단순하다. 메뉴 아이템 리스트가 있고, 각 메뉴 아이템에 클래스가 있어서 각각을 다르게 스타일을 적용할 수 있다.

예제 14.2 메뉴 CSS

```
.menu li {
    background: url(/img/sprite.png) no-repeat 0 0;
    padding-left: 20px;
}
.menu .menu-inbox {
    background-position: 0 -20px;
}
.menu .menu-drafts {
    background-position: 0 -40px;
}
```

모든 li가 하나의 스프라이트를 바라보고 있고, 각 li는 아이콘을 제대로 보여 주기 위해 배경을 재배치한다.

이렇게 하는 것이 표면적으로는 괜찮아 보인다. 하지만 언제나 그랬듯이, 문제가 발생할 여지가 있다.

- li라는 특정 HTML 구조에 의존하게 되었다.
- 스프라이트 이미지를 다른 모듈에서도 쓰려면 스프라이트 이미지를 참조하는 CSS 코드를 반복해서 정의해야 한다.
- 요소 내에 스프라이트를 배치하면 위험하다. 만약 서체 크기가 커지면 스프라이트의 숨겨진 이미지 영역을 드러낼 수 있기 때문이다.
- 수평 스프라이트만 사용할 수 있고, x 위치를 0으로 고정시켰기 때

문에 오른쪽에서부터 왼쪽으로 핸들링하는 인터페이스가 더 어려워졌다.[1]

이 문제를 해결하기 위해서는 아이콘 자체가 모듈인 아이콘 모듈(icon module)이 되도록 해야 한다.

예제 14.3 아이콘 모듈을 생성하기 위한 HTML 구조

```
<li><i class="ico ico-16 ico-inbox"></i> Inbox</li>
```

i 태그를 사용하는 것을 주저할 수도 있다. 필자는 이 태그의 크기가 작고, 의미 없는 빈 요소이기에 사용하기로 결정했다. 왜 요소가 비어 있을까? 이 예제에서 아이콘은 바로 옆의 텍스트와 함께 보여야 한다. 아이콘이 그 자체만 존재하려면, 제목 속성을 붙여서 스크린 리더가 읽을 수 있도록 해야 한다. 만약 이 방식이 마음에 들지 않는다면, span 태그를 사용해도 괜찮다.

다양한 아이콘 클래스들이 하나의 태그에 적용되어 있으면, 다른 HTML 의존성은 발생하지 않는다. 좋은 현상이긴 한데, 왜 클래스를 3개나 써야 할까? 각각이 조금씩 다른 역할을 가지고 있고, 셋이 함께 쓰여 전통적인 img 요소를 흉내 내고 있기 때문이다.

예제 14.4 아이콘 모듈 CSS

```
.ico {
    display: inline-block;
    background: url(/img/sprite.png) no-repeat;
    line-height: 0;
    vertical-align: bottom;
}
.ico-16 {
    height: 16px;
```

---

1 (옮긴이) 아이콘과 텍스트를 수직으로 배치하기 어렵고, 아이콘을 글자 우측 끝으로 들쑥날쑥하게 배치하기 어렵다는 의미이다.

```
    width: 16px;
}
.ico-inbox {
    background-position: 20px 20px;
}
.ico-drafts {
    background-position: 20px 40px;
}
```

ico 클래스는 요소를 inline-block 요소, 즉 이미지로 만드는 역할을 한다. 또, 텍스트와의 상대적 위치에 제대로 자리잡게 하려면 vertical-align으로 조정해야 한다. 인터넷 익스플로러는 block 요소에 inline-block 속성을 적용하는 것이 어려운데[2], 지금 우리는 inline 요소에 적용하므로 문제될 소지가 없다. 만약 block 요소였다면 { zoom: 1; display: inline; }으로 해결할 수 있다.

ico-16 클래스는 높이와 너비를 지정한다. 프로젝트에 있는 모든 아이콘이 똑같은 사이즈라면 ico 클래스에서 정의해도 되지만, 그게 아니라면 사이즈마다 새로운 클래스를 지정해 주어야 한다. 예제로 사용할 프로젝트의 경우에는 네 종류의 사이즈가 있다.

ico-inbox 클래스는 아이콘을 제대로 된 좌표에 넣는 역할을 한다. 고정된 크기의 아이콘이기 때문에, 부모 요소의 크기가 너무 커질 걱정을 할 필요도 없고, 배경 위치를 수정하지 않고도 같은 코드로 오른쪽에서 왼쪽 인터페이스에 적용할 수 있다.

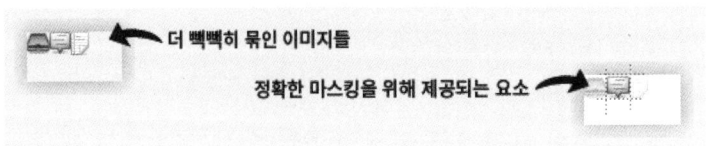

그림 14.2 빽빽하게 묶인 이미지 스프라이트

2   (옮긴이) 인터넷 익스플로러 6~7 버전은 inline 요소에만 inline-block 속성을 적용할 수 있는 버그가 있다.

빽빽하게 묶인 이미지는 효율적인 압축에도 도움이 되는데, 파일 크기가 작으면 사이트의 성능을 향상시킬 수 있다. 만약 이미 크기가 크다면, Yahoo!의 Smush.it[3]이나 Mac의 ImageOptim[4]을 사용해서 최대한 줄여 볼 것을 권한다.

이 장에서는 특정 부분을 어떻게 리팩터링해야 더 유연한 프로젝트가 될 수 있는지 살펴보았다. 많은 방법이 있지만, 표면적으로 잘 동작할 것 같아 보이는 방법은 자칫 프로젝트의 규모가 커졌을 때 문제가 발생할 수도 있다는 것을 명심해야 한다. 복잡함이 드러날수록 프로젝트는 발전해 나갈 것이고, 그 과정에서 생긴 문제를 잘 해결하는 것이 웹 개발의 매력이다.

---

3 http://www.smushit.com/ysmush.it/
4 http://imageoptim.pornel.net/

15장

Scalable and Modular Architecture for CSS

복잡한 계승

이 장에서는 계승이 어떻게 문제를 발생시키는지 보려고 한다.

아래의 예제를 보자. 일반 상태 규칙을 사용하는 달력이 있는데, 그 규칙이 테이블 셀 내의 스타일 계승(succession)과 충돌하고 있다.[1] 문제를 풀어나가 보자.

예제 15.1 달력 테이블

```
<table class="cal">
    <tr>
        <td>1</td>
        <td>2</td>
        <td>3</td>
        <td>4</td>
        <td>5</td>
        <td>6</td>
        <td>7</td>
    </tr>
    <!-- repeated 3-4 times -->
</table>
```

이 달력은 행과 열의 테이블로 이루어져 있다. 하나의 셀이 하루를 의미

---

1 (옮긴이) 여기서 계승이란 부모 또는 조상으로부터 CSS 스타일을 상속(inherit)받는 것이 아니라 부모 또는 조상 스타일이 자식 또는 자손 요소에 그대로 드러나 표시되는 것을 의미한다.

하고, 기본 스타일은 일반적인 환경에서 하루 단위 셀이 어떻게 보여야 하는지를 정의하고 있다.

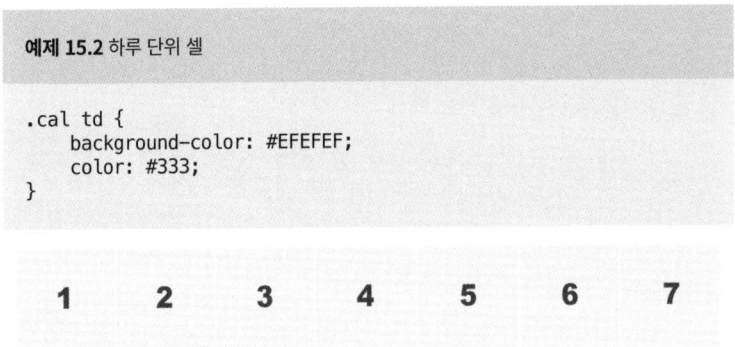

예제 15.2 하루 단위 셀

```
.cal td {
    background-color: #EFEFEF;
    color: #333;
}
```

각 셀은 밝은 회색 배경에 짙은 색 텍스트로 채워져 있다. 이때, '오늘'을 강조하고 싶다면 아래와 같이 하면 된다.

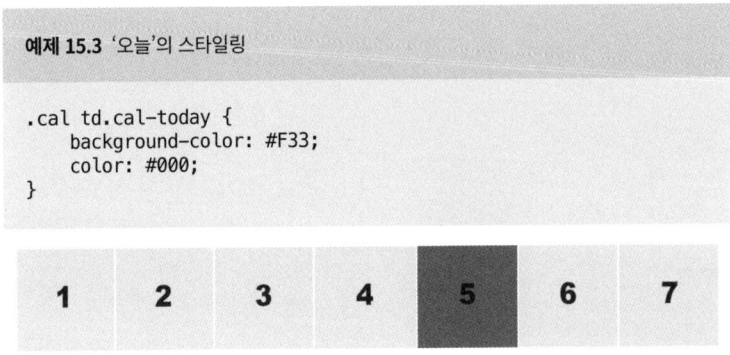

예제 15.3 '오늘'의 스타일링

```
.cal td.cal-today {
    background-color: #F33;
    color: #000;
}
```

cal-today 클래스가 오늘 클래스가 cal 모듈의 일부라는 것을 보여 준다. 또, 기본 스타일을 오버라이딩하여 우선순위가 어떻게 되는지도 보여 준다. 기본 상태 규칙 뒤에 선언되기만 한다면 선택자를 td.cal-today로 사용하는 것도 잘 작동할 것이다. 선택자로 .cal-today만 썼다면, 작동시키기 위해 !important도 필요했을 것이다.

프로젝트를 개발하면서 이러한 사소한 결정들이 종종 필요하다는 것을 인지해야 한다. 여기서는 .cal-today 클래스는 <td>에만 적용될 수 있고, cal 클래스가 붙은 요소 내에 있어야 한다고 결정했다.

다시 예제로 돌아오자. 이제 일주일 단위를 크게 보여 주는 뷰에 우리의 달력이 작은 뷰로 연결되어 있다고 가정하자. 작은 달력에서는, 이번 주를 표시해야 하는 상황이다.

예제 15.4 선택된 행

```
<tr class="is-selected">
    <td>1</td>
    <td class="cal-today">2</td>
    <td>3</td>
    ...
</tr>
```

선택된 상태를 추가했다. 그럼 이 상태의 스타일은 어떻게 보여야 할까?

예제 15.5 선택된 행 규칙

```
.is-selected {
    background-color: #FFD700; /* 노란색 */
    color: #000;
}
```

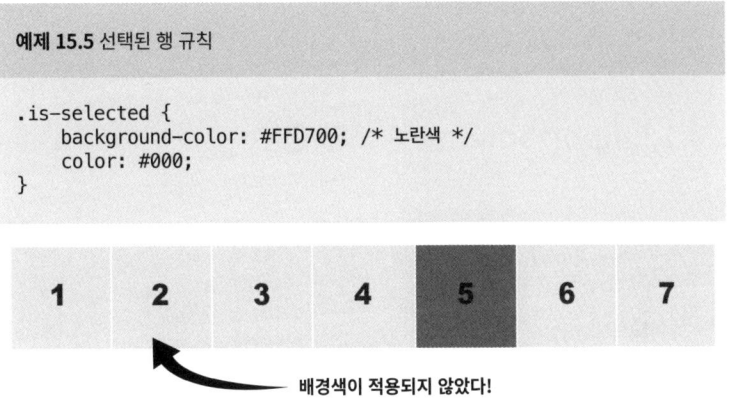

배경색이 적용되지 않았다!

어떤 문제가 있는지 보이는가? 색상 계승이 기본 요일 스타일과 오늘 스타일에 의해 오버라이딩되고 있는 와중에 배경색이 테이블 행에 적용되고 있다.

!important를 상태에 추가할 수도 있다. 하지만 셀까지 상속되지 않기 때문에 별 도움이 되지 않는다. !important가 우선순위는 오버라이딩 하지만 계승을 오버라이딩하지는 않기 때문이다.

선택된 상태가 자식 요소에도 반영되려면 새로운 규칙을 만들어야 한다.

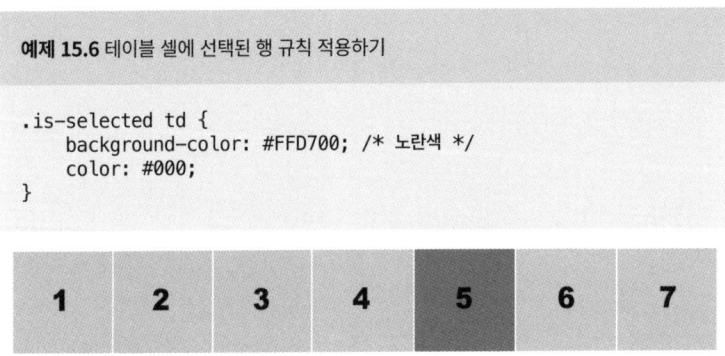

예제 15.6 테이블 셀에 선택된 행 규칙 적용하기

```
.is-selected td {
    background-color: #FFD700; /* 노란색 */
    color: #000;
}
```

만약 이 선택자가 달력 요일 선택자 뒤에 정의된다면, 우리가 예상한 대로 렌더링될 것이다.

즉, 셀이 어떤 색상일지는 상황에 따라 달라지는데, 위의 규칙이 cal 클래스 뒤에 선언되었다면 모든 셀 스타일이 제대로 나온다는 것이다. 오늘은 빨간색으로, 이번주의 나머지 날은 노란색으로 말이다.

15.1 !important가 잘못 쓰인 경우

선택된 셀에 !important를 추가해 보면 어떻게 될까? 오늘이 강조되지 않을 것이다.

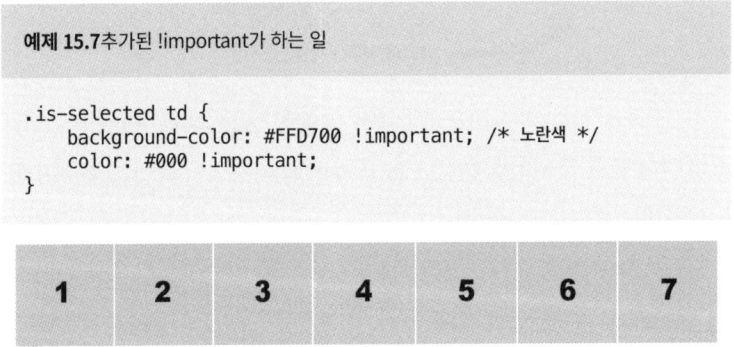

예제 15.7 추가된 !important가 하는 일

```
.is-selected td {
    background-color: #FFD700 !important; /* 노란색 */
    color: #000 !important;
}
```

오늘 셀에 제대로 배경색이 적용되기 위해서는 모듈 규칙과 상태 규칙을 결합할 수 있는 새로운 규칙을 만들어야 한다.

예제 15.8 구체적으로 만들기 위해 규칙 추가하기

```
.is-selected td {
    background-color: #FFD700 !important; /* 노란색 */
    color: #000 !important;
}
.is-selected td.cal-today {
    background-color: #F33 !important;
    color: #000 !important;
}
```

위의 예제 코드를 보면 선택자와 !important를 더 추가해야 한다는 것을 알 수 있다. 썩 좋은 코드는 아니다.

15.2 불완전한 세계

위 예제는 꼼꼼히 설계한 디자인에 계승이 문제를 발생시킬 수 있다는 것을 보여 주기 위한 것이다. 그리고 그에 대한 완벽한 해결책은 사실 없다. SMACSS는 이러한 문제를 덜기 위한 방법이긴 하지만, 매번 통하지는 않아서 가끔은 그리 이상적이지 않은 해결책을 써야 할 때도 있다.

그럼에도 불구하고, 이런 문제를 최소화하려고 노력하는 것은 유지보수가 용이한 프로젝트를 만드는 데에 큰 도움이 된다.

16장

Scalable and Modular Architecture for CSS

코드 형식 지정하기

모두가 자기만의 코딩 방식을 가지고 있다. 각자가 쓰는 도구와 기술은, 시행착오를 거치며 직접 골랐을 수도 있고, 다른 이로부터 추천을 받고 선택했을 수도 있다. 필자가 처음 개발을 시작했을 당시에는 드림위버를 썼었다. 많은 기능이 있었고, 정적인 HTML 페이지를 빠르고 효율적으로 구성할 수 있었다. 시간이 흘러 한 동료가 Utraedit을 이용해 무척 빠르게 개발하는 모습을 보고, 그 당시 쓰던 도구를 보완하는 수단으로 사용하기도 했다. 코딩하는 방식도 마찬가지다. 다른 이들이 사용하는 기술이나 스타일을 보고 내 방식으로 체화시키곤 한다.

이번 장에서는 필자가 어떻게 코딩하는지, 그리고 그렇게 함으로써 협업에 어떻게 도움이 되었는지 보려고 한다.

16.1 한 줄 vs 여러 줄

여러 해 동안, 필자는 CSS를 한 줄 스타일[1]로 코딩해 왔다. 하나의 규칙에 속하는 모든 속성을 전부 한 줄로 코딩했다는 뜻이다. 이렇게 하면 왼쪽만 훑어보면서 어떤 선택자가 있는지 빠르게 확인할 수 있었다. 개

---

[1] http://archive.orderedlist.com/resources/html-css/single-line-css/

별 속성들이 예쁘게 정렬되어 있는 것보다는 어떤 선택자가 있는지 확인하는 게 더 중요했기 때문에 그런 방식을 고수했다. 게다가 몇 년 전까지만 해도, 하나의 규칙에 포함되는 속성이 그리 많지 않았다.

그런데 벤더 접두사가 잔뜩 있는 CSS3에 와서는 선택자들을 한눈에 훑어보는 것이 힘들어졌다. 게다가 큰 팀에서 협업하기에는 각각의 속성과 값 쌍이 개별 줄에 코딩되는 것이 보기가 훨씬 편해졌다.

예제 16.1 벤더 접두사로 가득 찬 CSS. 전부 한 줄에 있으면 읽기 어렵다.

```
.module {
    display: block;
    height: 200px;
    width: 200px;
    float: left;
    position: relative;

    border: 1px solid #333;
    -moz-border-radius: 10px;
    -webkit-border-radius: 10px;
    border-radius: 10px;

    -moz-box-shadow: 10px 10px 5px #888;
    -webkit-box-shadow: 10px 10px 5px #888;
    box-shadow: 10px 10px 5px #888;

    font-size: 12px;
    text-transform: uppercase;
}
```

이 예제에서는 11개의 속성이 선언되었고, 모듈에 한두 가지 기능이 추가된다면 대여섯 개가 더 추가될 수도 있다. 이 모든 코드를 한 줄에 코딩하면, 문서를 훑어보기 어렵고 어떤 속성이 정의되었는지 확인하기 힘들다. 또 버전 관리 시스템으로 이전 버전과 달라진 부분을 찾기도 힘들다.

사소하지만 이 예제를 통해 기억해야 할 것들이 몇 가지 있다.

- 콜론(:) 뒤에는 공백이 있다.
- 각 선언 전에는 탭이 아니라 공백이 네 칸 있다.

- 속성들이 타입별로 묶여 있다.
- 괄호는 선택자와 같은 줄에서 연다.
- 색상 선언은 짧은 형식을 사용한다.

다섯 가지 모두 사람들에게 선호되는 방법이긴 하지만 이것과 전혀 다른 방법을 사용한다고 해도 큰 상관은 없다.

16.2 속성 묶기

속성을 알파벳 순서로 정리하는 이들도 있지만 전혀 정리하지 않는 이들도 있고, 자신만의 체계를 가지고 정리하는 이들도 있다. 필자는 중요한 것부터 중요하지 않은 순서대로 정리를 하는데, 어느 것이 더 중요한지 결정하는 기준을 세워두었다.

필자는 다음의 순서로 정리한다.

1. 박스
2. 테두리
3. 배경
4. 텍스트
5. 그 외

박스는 `display`, `float`, `position`, `left`, `top`, `height`, `width` 등과 같이 박스의 디스플레이와 위치에 영향을 미치는 모든 속성을 포함한다. 이는 문서의 흐름에 영향을 미치기 때문에 가장 중요하다고 판단했다.

테두리는 `border`, `border-image`, `border-radius`를 포함한다.

배경은 그다음이다. CSS3에 그라디언트(gradient)가 도입되면서, 배경 선언이 다소 장황해졌다. 이번에도 문제를 일으키는 건 벤더 접두사다.

> **예제 16.2** CSS3 선언을 이용하여 배경을 여러 개 선언하기[2]
>
> ```
> background-color: #6d695c;
> background-image: url("/img/argyle.png");
> background-image:
>   repeating-linear-gradient(-30deg,
> rgba(255,255,255,.1), rgba(255,255,255,.1) 1px,
> transparent 1px, transparent 60px),
>   repeating-linear-gradient(30deg,
> rgba(255,255,255,.1), rgba(255,255,255,.1) 1px,
> transparent 1px, transparent 60px),
>   linear-gradient(30deg, rgba(0,0,0,.1) 25%,
> transparent 25%, transparent 75%, rgba(0,0,0,.1)
> 75%, rgba(0,0,0,.1)),
>   linear-gradient(-30deg, rgba(0,0,0,.1) 25%,
> transparent 25%, transparent 75%, rgba(0,0,0,.1)
> 75%, rgba(0,0,0,.1));
> background-size: 70px 120px;
> ```

CSS3의 그라디언트를 이용하면 복잡한 패턴을 만들 수 있지만, 배경 선언이 약간 길어진다. 심지어 위 예제는 CSS3 접두사도 아직 포함시키지 않았다. 벤더 접두사까지 포함되면 얼마나 길어질지 상상해 보라.

텍스트 선언은 `font-family`, `font-size`, `text-transform`, `letter-spacing` 등 텍스트 디스플레이와 관련된 모든 속성을 포함한다.

위의 어느 카테고리에도 포함되지 않는 것들이 마지막으로 정리될 규칙이다.

16.3 색상 선언

색상 선언에 대해 언급하는 것 자체가 약간은 바보 같아 보일 수도 있지만, 색상과 관련해서 워낙 다양한 코딩 방식이 있기에 한번쯤은 짚고 넘어가려고 한다. `black, white` 같은 키워드를 사용하는 개발자도 있지만, 필자는 세 자리 숫자나 여섯 자리 16진수로 표현한다. `#000`나 `#FFF`가 조금이나마 더 짧기 때문이다. 마찬가지 이유로 `rgb`나 `hsl(hue

---

[2] http://leaverou.me/css3patterns/. Lea Verou의 CSS3 패턴 갤러리에서 발췌. 현재 이 사이트는 삭제되었다.

saturation lightness)은 사용하지 않는다. 물론 rgba나 hsla는 16진수 (hexadicimal) 표현법이 없기에 그냥 사용한다.

16.4 일관성 유지하기

무엇보다 중요한 것은 기준을 세우고, 그것을 문서화해서 일관성 있게 적용해 나가는 것이다. 그렇게 했을 때 프로젝트가 조금 더 수월하게 진행된다는 게 SMACSS에서 지금까지 설명한 내용이다.

17장

Scalable and Modular Architecture for CSS

리소스

CSS와 관련된 훌륭한 툴과 리소스는 아주 많다. 그중 일부는 이 책의 콘셉트와 직접 맞닿아 있지만, 그렇지 않은 정보도 알고 있으면 도움이 된다.

17.1 SMACSS 리소스

책의 초판 배포를 시작으로 SMACSS와 관련된 리소스가 늘어났다.

- Middleman SMACSS25[1]
- SMACSS for Drupal26[2]
- SCSS Toolkit27(SMACSS에 기반한 입문자용 도구)[3]
- Kickstart SMACSS28[4]

---

1 https://github.com/nsteiner/middleman-smacss
2 http://drupal.org/sandbox/johnalbin/1704664
3 https://github.com/davidrapson/scss-toolkit
4 https://github.com/Anderson-Juhasc/kickstart-smacss

17.2 CSS 전처리기

- LESS[5]
- Sass[6]

17.3 컴포넌트 기반의 프레임워크/방법론[7]

- Object-Oriented CSS (OOCSS)[8]
    - OOCSS for JavaScript Pirates Slides[9]
    - MailChimp UI Library based on OOCSS33
- BEM[10]

17.4 다른 프레임워크들

- HTML5 Boilerplate[11]
- normalize.css[12]
- Bootstrap[13]
- 960.gs[14]
- Eric Meyer CSS Reset[15]

---

5 http://lesscss.org/
6 http://sass-lang.com/
7 http://oocss.org/
8 http://speakerrate.com/talks/4642-oocss-for-javascript-pirates
9 http://www.flickr.com/photos/aaronwalter/5579648649/
10 http://bem.github.com/bem-method/html/all.en.html
11 http://html5boilerplate.com/
12 https://github.com/necolas/normalize.css/
13 http://twitter.github.com/bootstrap/
14 http://960.gs/
15 http://meyerweb.com/eric/tools/css/reset/

17.5 문서

- Front-end Style Guides[16]
- Knyle Style Sheets[17]

17.6 다른 리소스들

- mustache(로직이 없는 템플릿 언어다. Yahoo!에서 채택했던 템플릿이기도 하다.)[18]
- Pattern Primer(HTML 스니펫을 한 페이지에서 미리 볼 수 있게 해주는 PHP 스크립트다.)[19]
- Terrifically (OOCSS로 동작하는 JavaScript/jQuery 프레임워크다.)[20]

---

[16] http://24ways.org/2011/front-end-style-guides
[17] http://warpspire.com/posts/kss/
[18] http://mustache.github.com/
[19] https://github.com/adactio/Pattern-Primer
[20] http://www.terrifically.org/